DÖRLEMANN

Roy Porter

Wahnsinn

Eine kleine Kulturgeschichte

Aus dem Englischen
von Christian Detoux

DÖRLEMANN

Der Originaltitel »Madness. A Brief History« erschien 2002
bei Oxford University Press in Oxford.

Und wieder für die Liebe meines Lebens
NATSU

Gesetzt aus der Sabon
Satz: Dörlemann Satz, Lemförde
Druck und Bindung: fgb · freiburger graphische betriebe
ISBN 3-908777-06-2

Inhalt

I Einleitung

»Worin besteht die Tollheit, als daß man gar nichts anders ist als toll?« sagt Polonius in Shakespeares *Hamlet*, wie immer bemüht, besonders schlau zu sein. Doch hier trifft der graubärtige Pedant den Nagel auf den Kopf: Ist Geisteskrankheit nicht das Rätsel aller Rätsel? Selbst Professoren der Psychiatrie vertreten höchst widersprüchliche Ansichten von dem, was zu verstehen sie sich rühmen. In seinen zwei Büchern *The Myth of Mental Illness* (1961; *Geisteskrankheit – Ein moderner Mythos?*) und *The Manufacture of Madness* (1970; *Die Fabrikation des Wahnsinns*) behauptet Thomas Szasz, Professor der Psychiatrie an der Syracuse University in New York, »Geisteskrankheit« gebe es gar nicht; sie sei kein Naturphänomen, sondern ein von Menschen erschaffener Mythos. Er schreibt:

> Psychiatrie wird üblicherweise als Spezialfach der Medizin definiert, das sich mit der Diagnose und Behandlung von Geisteskrankheiten befaßt. Ich behaupte, daß diese immer noch weitgehend akzeptierte Definition die Psychiatrie in die Kategorie der Pseudowissenschaften verweist, auf einer Stufe mit Alchemie und Astrologie.

Wie kommt Szasz zu dieser Behauptung? Der Grund ist einfach: »So etwas wie ›Geisteskrankheit‹ gibt es gar nicht.«

Für Szasz, der an dieser Meinung seit vierzig Jahren festhält, ist Geisteskrankheit nicht eine Erkrankung, deren Natur durch die Wissenschaft erhellt werden kann, sondern vielmehr ein von Psychiatern zum eigenen beruflichen Vorteil ersonnener Mythos, der von der Gesellschaft mitgetragen wird, weil er einfache Lösungen für schwierige Menschen rechtfertigt. Über die Jahrhunderte, so Szasz, hätten Ärzte und ihre Anhänger aus persönlichem Interesse an einer »Herstellung von Krankheit« mitgewirkt, indem sie sozial randständige, auffällige oder schwierige Menschen psychiatrischen Kategorien zuordneten. In dieser Orgie der Stigmatisierung seien jene Psychiater, die organische Gründe als Ursache von ›Geisteskrankheit‹ nennen, nicht weniger zu kritisieren als Freud und seine Nachfolger, deren Erfindung des Unbewußten der Metaphysik des Geistes und der Theologie der Seele neues Leben eingehaucht habe.

Jegliche Erwartung, im menschlichen Körper oder Geist die Ätiologie von Geisteskrankheit zu entdecken – von einer Freudschen Unterwelt ganz zu schweigen –, sei, nach Ansicht von Szasz, ein Zuordnungsfehler oder schlichte Arglist: »Geisteskrankheit« und das »Unbewußte« seien nichts als (schlecht gewählte) Metaphern. Um solch haltloses Gerede zu konkretisieren, hätten Psychiater die Psyche entweder naiv verbildlicht oder sich eines fragwürdigen beruflichen Herrschaftsanspruchs bedient, der Kenntnisse vortäuscht, wo keine vorhanden sind. In Anbetracht dieser Tatsachen würden alle herkömmlichen Beschreibungen des Wahnsinns und seiner Geschichte durch eine Vielzahl unzulässiger Annahmen und *questions mal posées* verfälscht.

Szasz ist mit solchen Überzeugungen nicht allein. In *Folie et déraison. Histoire de la folie à l'âge classique* (1961; *Wahnsinn und Gesellschaft: Eine Geschichte des*

Wahns im Zeitalter der Vernunft) argumentiert der französische Philosoph Michel Foucault, Geisteskrankheit sei nicht als Naturphänomen, sondern als kulturelles Konstrukt zu verstehen, das von einem System administrativer und medizinisch-psychiatrischer Praktiken aufrechterhalten werde. Foucault zufolge sollte eine ehrliche Geschichte des Wahnsinns also nicht Krankheit und ihre Behandlung untersuchen, sondern Fragen über Freiheit und Kontrolle, Wissen und Macht stellen.

Auf weniger radikale, aber ebenso besorgniserregende Weise haben etwa zur selben Zeit die angesehenen britischen Psychiater Richard Hunter und Ida Macalpine auf das grundlegende Durcheinander hingewiesen, in das die Psychiatrie geraten war:

> Es gibt noch nicht einmal eine objektive Methode zur Beschreibung oder Erklärung klinischer Befunde, die ohne subjektive Interpretation auskommt, und auch keine exakte und einheitliche Terminologie, die jedem präzise dasselbe vermittelt. Als Konsequenz daraus ergibt sich eine erhebliche Divergenz der Diagnose bzw. der Diagnosen, ein stetiger Zustrom neuer Begriffe und sich fortwährend verschiebender Fachausdrücke sowie ein Überfluß an Hypothesen, die gern als Tatsachen dargestellt werden. Die Ätiologie bleibt Spekulation, die Pathogenese weitgehend unklar, Klassifikationen sind vorwiegend symptomatisch und demzufolge beliebig und gelten oft nur für kurze Dauer; körperliche Behandlungen sind empirisch und der Mode ihrer Zeit unterworfen, Psychotherapien noch unausgegoren und doktrinär.

Szasz' und Foucaults provokative Behauptungen haben die sonst fortschrittsgläubige Geschichtsschreibung der Psychiatrie auf den Kopf gestellt und ihre Helden zu

Missetätern gemacht. Doch man hat sie auch heftig kritisiert. In ihrem Buch *The Reality of Mental Illness* (1986; »Die Realität der Geisteskrankheit«) argumentieren Martin Roth, Professor der Psychiatrie an der Universität von Cambridge, und Jerome Kroll, die Beständigkeit psychiatrischer Symptome beweise, daß Geisteskrankheit nicht nur ein Etikett oder eine Methode der Schuldzuweisung sei, sondern eine echte psychopathologische Größe mit authentischer organischer Basis.

Diese weit auseinander klaffenden Auffassungen über die Natur von Geisteskrankheit innerhalb der Psychiatrie (Realität, Konvention oder Illusion?) zeigen, wie recht der alte Polonius hat. Der hier folgende historische Abriß macht sich dessen Einsicht zu eigen und versucht nicht, echten Wahnsinn zu definieren oder die *Natur* von Geisteskrankheit zu ergründen. Vielmehr begnügt er sich mit einer kurzen, klaren und vorurteilslosen Darstellung ihrer *Geschichte*. Doch auch diese Vergangenheit der Psychiatrie ist heftig umstritten, genau wie ihr wissenschaftlicher Status. In einer Besprechung von Foucaults Buch schreibt Sir Aubrey Lewis, der angesehene Direktor des Institute of Psychiatry am Maudsley Hospital in London:

> In groben Zügen ist die Geschichte bekannt. Auf die Folterungen und Justizmorde des Mittelalters und der Renaissance, als Verwirrung und Raserei mit Besessenheit gleichgesetzt und das Gefasel verwirrter alter Frauen als Anzeichen von Hexerei verstanden wurde, folgten di Grausamkeiten und Erniedrigungen in den Irrenhäusern des siebzehnten und achtzehnten Jahrhunderts, als die Behörden mit Ketten und Peitschen hantierten. Humanitäre Anstrengungen setzten diesen Mißbräuchen ein Ende. Pinel

in Frankreich, Chiarugi in Italien und Tuke in England läuteten ein Zeitalter der Güte und Fürsorge ein, das einem rationalen und menschlichen Ansatz im Umgang mit Geisteskranken den Weg ebnete. Im neunzehnten Jahrhundert begann man, die Pathologie des Wahnsinns zu untersuchen, seine klinischen Formen zu beschreiben und zu klassifizieren und seine Verwandtschaft mit körperlichen Krankheiten und Psychoneurosen zu erkennen. Die Behandlungen wurden zunehmend in die Universitätskrankenhäuser verlegt, Ambulanzspitäler schossen aus dem Boden, und soziale Aspekte gewannen an Bedeutung. Am Ende des Jahrhunderts war der Weg frei für Männer wie Kraepelin, Freud, Charcot und Janet, die in die Fußstapfen von Kahlbaum und Griesinger, Conolly und Maudsley traten. Im zwanzigsten Jahrhundert wurde die Psychopathologie diskutiert, und psychologische Behandlungen wurden, mit zunehmender Anerkennung, auf die verschiedensten Anwendungsgebiete ausgedehnt. Körperliche Behandlungsmethoden wurden revolutioniert, die Ordnung in psychiatrischen Kliniken weiter liberalisiert und die verschiedenen Formen der Pflege gegliedert, individualisiert und in einen kontinuierlichen therapeutischen Prozeß eingebunden, der auch in der Gesellschaft von Bedeutung geworden ist (in der Reihenfolge Ausbruch, *stadium incrementi*, Rehabilitation und gesellschaftliche Wiedereingliederung). [...] Dies herkömmliche Bild, ein Bild des Fortschritts und der Aufklärung, ist von der Wahrheit nicht weit entfernt.

Aber stimmt das auch? Die jüngste Wissenschaftlergeneration lehnt Lewis' Auffassung von der Geschichte der Psychiatrie ab und hat heftige Debatten über die richtige Interpretation wichtiger Entwicklungen ausgelöst: über Aufstieg und Fall der Irrenhäuser (»ein bequemer Ort für unbequeme Menschen?«), über die Praxis der Zwangs-

1 Darstellung einer Kaltwassertortur in einem französischen Druck aus dem siebzehnten Jahrhundert: Ein gefesselter Mann wird in kaltes Wasser getaucht. Die Folgen plötzlichen Eintauchens in kaltes Wasser galten als Gottesurteil, das häufig bei Hexen Anwendung fand. Schwammen sie obenauf, waren sie schuldig, tauchten sie unter, waren sie unschuldig. Die Tortur galt auch als Heilmethode bei Wahnsinn.

einweisung und der späteren *Decarceration*[1], über die Ursprünge, den wissenschaftlichen Status und die therapeutischen Ansprüche der Psychoanalyse (»war Freud ein Betrüger?«), über den Nutzen des psychiatrischen Berufs, über die Rechtfertigung fragwürdiger Praktiken wie der Klitoridektomie der Frontallobotomie und der Elektrokrampftherapie und schließlich über die Rolle, die die Psychiatrie bei der sozio-sexuellen Kontrolle von Frauen, ethnischen Minderheiten, Homosexuellen und anderen sozialen »Opfern« spielte – um nur einige Themen dieser Debatten zu nennen. Im Verlauf der letzten dreißig Jahre brachte die wissenschaftliche Forschung eine große Zahl neuer, oft polemischer und polarisierender Vorstöße auf diesem Gebiet hervor, und der Trend hält an. Auf solchen Studien baut dieses Buch auf und wird beurteilen, welche Glaubwürdigkeit herkömmlichen Ansichten wie jener von Lewis heute noch zukommt.

Ein Blick auf den Inhalt: Das nächste Kapitel befaßt sich mit dem Verständnis von Wahnsinn als göttliche oder dämonische Besessenheit. Übernatürlicher Aberglaube dieser Art war in schriftlosen Gesellschaften dominierend und fand in der mesopotamischen und ägyptischen Medizin sowie in der griechischen Mythologie und Kunst ihren Ausdruck. Dank der Anpassung an und der Autorisierung durch die christliche Lehre lebte er fort bis ins achtzehnte Jahrhundert, wenn auch unter zunehmendem Druck durch Medizin und Wissenschaft.

---

1 Wörtlich »Entkerkerung«, also Entlassung aus den Asylen (Anm. d. Ü.)

Kapitel 3 wendet sich der Geburt der medizinischen Wissenschaft zu und untersucht das von griechischen und römischen Philosophen und Ärzten entwickelte rationale und naturalistische Denken über Wahnsinn, das Eingang in die darauffolgende westliche Medizintradition fand. Die symbolische Überhöhung von Umnachtung und Wahnsinn in Kunst und Literatur, ihre kulturellen Motive und die Bedeutungen von Wahnsinn sind Thema von Kapitel 4. Kapitel 5 beschäftigt sich mit dem Wahnsinn in der Gesellschaft und untersucht die Gründe, die zur Anstaltseinweisung von Geisteskranken führte, eine Praxis, die in der Mitte des zwanzigsten Jahrhunderts ihren Höhepunkt erreichte, als in den USA eine halbe Million und in Großbritannien über 150000 Menschen in psychiatrischen Einrichtungen eingesperrt waren.

Die »neue Wissenschaft« des siebzehnten Jahrhunderts, die das griechische Denken durch neue Modelle von Körper, Gehirn und Krankheit ersetzte und zu frühen psychiatrischen Theorien und Praktiken führte, ist das Thema von Kapitel 6. Das anschließende Kapitel wendet sich den Subjekten der Psychiatrie zu: Wie dachten und fühlten die Kranken selbst? Wie empfanden sie die – oft gegen ihren Willen – angewendeten Behandlungsmethoden?

Das zwanzigste Jahrhundert wird oft das »psychiatrische Jahrhundert« genannt; ihm ist das gesamte Kapitel 8 gewidmet. Dabei richtet sich das Augenmerk auf eine der großen Neuerungen, den Aufstieg (und Fall?) der Psychoanalyse sowie auf wichtige Innovationen der chirurgischen und medikamentösen Behandlung. Zum Schluß folgt eine Standortbestimmung der Psychiatrie als Wissenschaft und Therapie zu Beginn des einundzwanzigsten Jahrhunderts: Kann uns ihre bewegte Geschichte etwas über das Unterfangen der Psychiatrie insgesamt sagen?

Vieles wird ausgeblendet bleiben, zum Beispiel nichtwestliche Auffassungen von Wahnsinn und Psychiatrie, Fragen zur Sozialpsychopathologie (»warum werden Menschen überhaupt wahnsinnig?«) oder die Darstellung von Wahnsinn in der Kultur und den Massenmedien. Ich mußte mich in diesem kurzen Buch auf einige wenige Kernfragen beschränken: Wer wurde als wahnsinnig bezeichnet? Was wurde als Ursache ihres Zustandes verstanden? Und was wurde getan, um sie zu heilen oder unter Kontrolle zu halten?

2 Götter und Dämonen

> Wen die Götter zerstören wollen, den machen sie zuerst verrückt.
>
> *Euripides*

Am Anfang

Der Wahnsinn ist vermutlich so alt wie die Menschheit selbst. Archäologen haben bis zu 7000 Jahre alte menschliche Schädel mit Spuren von Trepanationen gefunden – mit kleinen Löchern, die mit Werkzeugen aus Feuerstein gebohrt wurden, durch die wohl die Dämonen entfliehen sollten, von denen die Person vermeintlich besessen war.

Wahnsinn erscheint schon in frühen religiösen Mythen und Heldengeschichten, meistens als Schicksalsschlag oder Strafe. Im 5. Buch Mose (28,28) heißt es, »Der Herr wird dich schlagen mit Wahnsinn«; das Alte Testament berichtet von vielen, die von Teufeln besessen waren, und erzählt, wie der Herr König Nebukadnezar bestrafte, indem er ihm die Sinne verwirrte und ihn wie die Ochsen Gras fressen ließ.

Homer läßt den wahnsinnigen Ajax Schafe schlachten, im irren Glauben, sie seien feindliche Soldaten – eine Szene, die an Don Quijotes Attacken gegen Windmühlen erinnert. Grausamkeit, Kummer, Blutgier und Kannibalismus wurden gemeinhin mit Geisteskrankheit assoziiert. Herodot beschreibt den Wahnsinn von König Kambyses damit, daß er ihn die Religion verlachen läßt –

2 Im Alten Testament hat Nebukadnezar, der König zu Babel, einen Traum, den der Prophet Daniel als Vorboten des Wahnsinns deutet. Als er später stolz erzählt, wie er seinen prachtvollen Palast erbaute, fällt die Stimme des Herrn vom Himmel und sagt, »Dein Königreich soll dir genommen werden«, worauf Nebukadnezar, genau wie im Traum, dem Wahnsinn verfällt. (Daniel 4,20–33)

wer außer einem Wahnsinnigen würde die Götter verhöhnen?

Wilde Stimmungsschwankungen, wirre Sprache und gestörtes Verhalten wurden allgemein auf übernatürliche Kräfte zurückgeführt. Der Hinduismus kennt eine bestimmte Dämonin, Grahi (»sie, die ergreift«), die für epileptische Anfälle verantwortlich sein soll, während in Indien ein Hundedämon beschuldigt wird, Opfer zu befallen. (Hundeähnliches Verhalten und Wahnsinn wurden oft miteinander in Verbindung gebracht, etwa im weitverbreiteten Glauben an Werwölfe – Lycanthropie, also Wolfsmenschentum –, in dem Wahnsinnige um Gräber streichen und den Mond anheulen, oder in dem Ausdruck »schwarzer Hund« als Metapher für Depression.)

Die Babylonier und Mesopotamier glaubten, daß Besessenheit von einem Geist, Hexerei, dämonischer Einfluß, der böse Blick oder Tabubrüche gewisse Krankheiten auslösten; Besessenheit war Urteil und Strafe zugleich. In einem assyrischen Text um 650 v. Chr. werden offenbar epileptische Symptome der Anwesenheit von Teufeln zugeschrieben:

> Wenn während einer Besessenheit sein Auge beim Hinsetzen zur Seite wandert, wenn er die Lippen kräuselt, Speichel aus seinem Mund fließt und wenn seine linke Hand, sein linkes Bein und die linke Körperhälfte zucken wie bei einem geschlachteten Schaf, dann ist es *migtu*. Wenn sein Verstand während der Besessenheit wach ist, kann der Dämon ausgetrieben werden; wenn der Verstand im Zustand der Besessenheit nicht anwesend ist, kann der Dämon nicht ausgetrieben werden.

Die frühe griechische Vorstellung von Wahnsinn läßt sich aus Mythen und Heldengedichten rückschließen. Diese stellen Eigenschaften wie Vernunft und Willen nicht in der aus der späteren Medizin und Philosophie bekannten Weise dar, noch haben ihre Helden keine Psyche, wie wir sie aus Sophokles' Ödipus oder gar von Shakespeare oder Freud kennen. Der Mensch bei Homer ist nicht jenes introspektive, seiner selbst bewußte Wesen, das einige Jahrhunderte später die sokratischen Dialoge bevölkert; die *Ilias* kennt nicht einmal ein Wort für »Person« oder »Selbst«. Normales und abnormales Leben und Verhalten galten als Produkt äußerer, übernatürlicher Kräfte, und Menschen konnten von Zorn, Verzweiflung oder Rachsucht zum Wahnsinn getrieben werden. Die Figuren der *Ilias* sind Puppen, die von schrecklichen Mächten jenseits ihrer Kontrolle gelenkt werden – Götter, Dämonen und die Furien, die bestrafen, rächen und zerstören; ihr Schicksal entscheidet sich durch Beschluß von oben und wird manchmal von Träumen, Orakeln oder Weissagungen angekündigt. Das Innenleben mit seinem quälenden Widerstreit zwischen Gewissen und freier Wahl spielt noch keine entscheidende Rolle; wir erfahren viel mehr über die Taten der Helden als über ihre Gedanken.

Eine modernere Bewußtseinslandschaft beginnt mit dem Goldenen Zeitalter Athens heraufzudämmern. Das im fünften und vierten Jahrhundert vor Christus entwikkelte Verständnis der Psyche prägt bis heute unser westliches Denken über Bewußtsein und Wahnsinn; Freuds Bezeichnung »Ödipuskomplex« (in Anlehnung an das Drama von Sophokles) für psycho-sexuelle kindliche Konflikte ist eine späte Anerkennung dieser Anfänge. Das griechische Theater verband traditionelle mit moderneren Formen der Charakterdarstellung.

Die Theaterstücke von Aischylos, Sophokles und Euripides dramatisieren schreckliche elementare Konflikte: ein Held oder eine Heldin als Spielzeug der Götter, zerstört von einem unabwendbaren Schicksal, oder die widersprüchlichen Forderungen von Liebe und Ehre, Pflicht und Begehren, von Individuum, Familie und Staat. Manchmal ist Wahnsinn die unausweichliche Folge dieser Konflikte: Sie verlieren den Verstand in unkontrollierter Raserei und Wut, zum Beispiel als Medea ihre Kinder erschlägt. Anders als die Helden bei Homer sind die Protagonisten dieser Autoren *bewußte* Subjekte von Reflexion, Verantwortung und Schuld; sie verraten durch ihre Qual und Zerrissenheit einen inneren Konflikt, der häufig vom kontradiktorischen Kommentar des Chors konterkariert wird. Die Kräfte der Zerstörung liegen in diesen Tragödien nicht mehr nur bei einem äußeren Schicksal, bei stolzen Göttern oder den bösen Furien. Der Niedergang ist auch selbstverschuldet: Von Hochmut, Ehrgeiz oder Stolz zerfressene Helden werden von Schande, Kummer und Schuld übermannt; sie zerreißen sich und treiben in den Wahnsinn (Nemesis): Der psychische Bürgerkrieg wird eine endemische Eigenschaft der menschlichen Existenz.

Die Dramen deuteten auch Lösungen an – man könnte sagen, das Theater funktionierte auch als »Therapie«. Übertretungen konnten natürlich einfach mit dem Tod bestraft werden. Doch wie das Beispiel Ödipus zeigt, wurde die Qual auch als Weg zu höherer Erkenntnis gedeutet; Blindheit konnte zur Einsicht führen, und selbst die öffentliche Aufführung eines Dramas konnte eine kollektive Katharsis (Reinigung) bewirken. Shakespeare sollte dasselbe später am Beispiel von König Lear zeigen, dessen Selbstentfremdung zuerst in den Wahnsinn und am Schluß zur Selbsterkenntnis führt.

Auch die griechische Medizin widersprach dem für

die Frühgeschichte typischen Glauben an übernatürliche Besessenheit. Wie bereits erwähnt, machte man ursprünglich die Götter für epileptische Anfälle verantwortlich; dabei wurde das Opfer der »heiligen Krankheit« von einem Dämon oder Geist überwältigt, der mit dessen Körper und Seele rang. Die Störung wurde dementsprechend mit Gebeten und Beschwörungen bekämpft sowie mit Opfergaben in Tempeln des Asklepios, dem Gott der Heilung.

Die Abhandlung »Über die heilige Krankheit« widerspricht dieser Auffassung. Ihr Autor, ein Anhänger des Hippokrates (ca. 460–377 v. Chr.), des sogenannten »Vaters der griechischen Medizin«, findet nichts Übernatürliches in dem Zustand. Epilepsie sei schlicht eine Erkrankung des Gehirns:

> Mir scheint die Krankheit nicht mehr als andere göttlicher oder heiliger Natur zu sein, sondern eine natürliche Ursache zu haben, wie andere Beschwerden auch. Aus Unwissenheit und Verwunderung deutet der Mensch ihre Natur und Ursache als göttlich, weil sie nicht wie andere Krankheiten ist.

Der hippokratische Autor führt mit hämischer Freude die verschiedenen Götter auf, die angeblich für bestimmte Formen des Anfalls verantwortlich sind. Benahm sich das Opfer wie eine Ziege oder malmte mit den Zähnen, oder zuckte seine rechte Seite, wurde Hera, die Mutter der Götter, beschuldigt. Trat der Patient um sich oder hatte Schaum vor dem Mund, war Ares verantwortlich. Und so weiter. Wollte man die Krankheit nur wegen ihrer bizarren Symptome göttlich nennen, so mußte man dasselbe auch mit unzähligen anderen

Krankheiten tun. Mit Blick auf die Epilepsie brachte die hippokratische Medizin den Wahnsinn von der Ebene der Götter auf jene der Natur. Die Theorien, die zu seiner Erklärung entwickelt wurden, sind das Thema des folgenden Kapitels.

Christlicher Wahnsinn

Im Jahr 313 legalisierte Kaiser Konstantin das Christentum im Römischen Reich, und der nachfolgende Triumph der Kirche und die Bekehrung der barbarischen Invasoren brachte in den folgenden Jahrhunderten dem übernatürlichen Ansatz im Denken über Wahnsinn offizielle Anerkennung. Anders als die griechische Philosophie lehnte der christliche Glaube die Vernunft als das eigentliche Wesensmerkmal des Menschen ab. Statt dessen zählten Sünde, göttlicher Wille und Liebe sowie das Bekenntnis des Gläubigen (*credo quia absurdum*: Ich glaube, weil es widersinnig ist). Das Christentum predigte überdies eine apokalyptische Lehre von Sünde und Erlösung, nach der die menschliche Rasse gegenüber jenseitigen, geistigen Wesen – Gott und seine Engel und Heiligen, die Seelen der Verstorbenen, Satan und seine Schwadronen – in krasser Unterzahl war, von den im Volksglauben allgegenwärtigen Geistern, Waldschraten und Kobolden, die vom Hang der Kirche zum Übernatürlichen teilweise sanktioniert wurden, ganz zu schweigen. (Der Volksglaube traditioneller Gesellschaften versteht gewisse Krankheiten als übernatürlich und versucht sie demzufolge mit magischen Mitteln zu bekämpfen. So wurde ein

Pulver aus zerstoßenem menschlichem Schädel weitherum als Mittel gegen Epilepsie empfohlen.)

Gemäß der christlichen Theologie kämpften der Heilige Geist und der Teufel um die Seele des einzelnen. Die Anzeichen einer solchen »Psychomachia« (Kampf um die Seele) umfaßten Hoffnungslosigkeit, Verzweiflung und andere Symptome einer Geistesverwirrung. Die Kirche hielt – nach dem Muster des »Wahnsinns des Kreuzes« (der Skandal des gekreuzigten Jesus) – auch einen heiligen Wahnsinn für möglich, der sich zum Beispiel in den ekstatischen Visionen der Heiligen und Mystiker manifestierte. Auch heilige Unschuldige, Propheten, Asketen und Visionäre konnten von einem »guten Wahnsinn« besessen sein. Doch Geistesgestörtheit wurde in der Regel als etwas Diabolisches, von Satan Geplantes und von Hexen und Häretikern Verbreitetes angesehen. Der Oxford-Professor Robert Burton machte in seinem Werk *Anatomy of Melancholy* (1621; *Die Anatomie der Melancholie*) den Versucher als den wahren Schuldigen für Verzweiflung und Selbstmord aus, wenn auch oft Kranke, deren Schwäche sie besonders anfällig machte, seine Opfer waren. Burtons Zeitgenosse Richard Napier, ein anglikanischer Geistlicher und Arzt, der sich auf die Heilung »unruhiger Gemüter« spezialisiert hatte, behandelte viele, die an religiöser Verzweiflung litten, jener vom calvinistischen Puritanismus hervorgerufenen Furcht vor Verdammnis, Verzauberung und Verführung durch den Teufel.

Unreine Geister waren mit geistigen Mitteln zu behandeln, bei den Katholiken etwa mit dem Lesen einer Messe, Exorzismen oder einer Pilgerreise zu einem Hei-

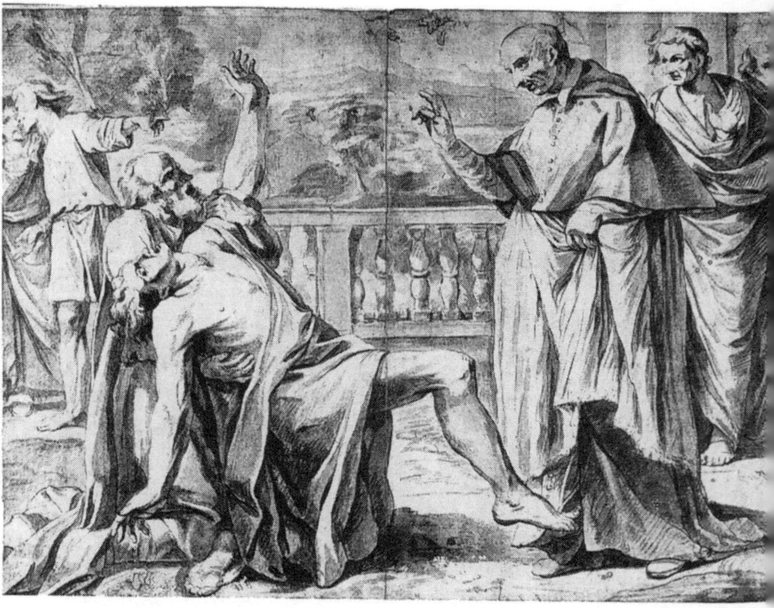

3 Ein Epileptiker im siebzehnten Jahrhundert wird vor einen Priester gebracht und gesegnet. Epilepsie wurde lange mit dem Übernatürlichen in Verbindung gebracht, weshalb sich die Kirche in die Behandlung einmischte.

ligtum, zum Beispiel jenem in Gheel in den Niederlanden, wo die Heilige Dymphna ihre einzigartigen Heilkräfte entfaltete. Geisteskranke wurden auch in religiösen Häusern versorgt. Protestanten wie Napier dagegen bevorzugten Gebet, Bibellektüre und Beratung.

Der Hexenwahn, der im späten fünfzehnten Jahrhundert in Europa an Bedeutung gewann und um 1650 seinen Höhepunkt erlebte, deutete unkontrolliertes Reden und

4 Eine biblische Szene aus dem siebzehnten Jahrhundert, in der Jesus die Kranken heilt. Die Frau im Vordergrund hält sich in einer Geste des Wahnsinns die Hände vor das Gesicht.

Benehmen ebenfalls als Merkmale des satanischen *maleficium* (Bösartigkeit), das von Hexen gesteuert wird, die mit dem Teufel im Bunde stehen. Reformation und Gegenreformation entfachten einen Flächenbrand aus Ketzereivorwürfen und Verbrennungen, in dem falsche Lehren und Wahnvorstellungen zwei Seiten derselben Medaille bildeten: Die Verrückten wurden als besessen taxiert, und die religiösen Widersacher galten als verrückt.

»Ich wurde von großer Furcht und Zittern erfaßt.«

Auch die Gläubigen selbst erlebten Wahnsinn und Verzweiflung als Anzeichen für Sünde, teuflische Besessenheit oder den Verlust der Seele. Ein bedeutender Teil der autobiographischen Aufzeichnungen geistig verwirrter Menschen ist religiöser Natur. (Siehe dazu Margery Kempe und John Perceval in Kapitel 7.)

1631 kam in Exeter George Trosse zur Welt. Der Sohn einer wohlhabenden Familie anglikanischer Anwälte sollte auf seine Jugend später als ein Sodom der Sünde zurückblicken – er sei ein »wahrer Atheist« gewesen, der jedem »verfluchten fleischlichen Prinzip« folgte, das seine Begierde entflammte.

Angestachelt von »immer neuen Launen, dem Wunsch, Reichtümer zu erwerben und im Luxus zu leben«, wie er in seiner Autobiographie notierte, reiste Trosse ins Ausland, um »die sündige Welt, die Lüste des Fleisches, die Lüste der Augen und den Stolz des Lebens« zu genießen. Er sei in »große Sünden und gefährliche Fallen« geraten, habe die »abscheulichsten Unreinheiten« fast bis zu »vollständiger Unzucht« ausgelebt. Selbst ernste Krankheiten ließen ihn nicht an Tod und Verdammnis denken oder an die gnädige Vorsehung, die ihn davor rettete.

Schließlich kehrte er nach Hause zurück, als notorischer Sünder gegen alle Gebote und als Sklave einer Unmoral, die sein Herz hatte hart werden lassen. Er geriet in eine Krise. Nach einem besonders üblen Besäufnis wachte er auf und hörte »eine Art Rauschen« und sah einen »Schatten« am Fußende seines Bettes. »Ich wurde von großer Furcht und Zittern erfaßt«, erinnerte sich Trosse. Eine Stimme fragte ihn: »Wer bist du?« Überzeugt, die Stimme Gottes zu hören, antwortete er zerknirscht, »Ich bin ein großer Sünder, Herr!«, fiel auf die Knie und begann zu beten. Die Stimme fuhr fort: »Demütiger, noch demütiger.« Er zog seine Strümpfe aus und betete weiter auf bloßen Knien. Wieder ertönte die Stimme. Er zog Hose und Wams aus. Er sei noch immer nicht tief genug, wurde er gewarnt, worauf er ein Loch im Fußboden fand und hineinkroch, sich mit Dreck beschmierte und weiterbetete.

Dann befahl ihm die Stimme, seine Haare abzuschneiden, und er fürchtete, als nächstes seine Kehle durchschneiden zu müssen. Nun dämmerte die spirituelle Erleuchtung: Es war nicht die Stimme Gottes, die er hörte, sondern die des Teufels! Im Wissen um seine »üblen Verfehlungen« hörte er schließlich den Ruf: »Nichtswürdiger! Du hast gegen den Heiligen Geist gesündigt!« Er ließ alle Hoffnung fahren – die Sünde gegen den Heiligen Geist galt als unverzeihlich – und wollte Gott verfluchen und sterben, als in seinem Kopf ein höllisches Geschrei losbrach, das ihm schlimmste Gewissensqualen bescherte.

Von weiteren Stimmen und Visionen geschüttelt, fiel Trosse in einen »verwirrten Zustand«. Glücklicherweise kannten seine Freunde einen Arzt in Glastonbury, der »hochangesehen, sehr geschickt und erfolgreich in solchen Fällen« war. Mit roher Gewalt banden sie ihn auf ein Pferd, um ihn zu ihm zu bringen; er wehrte sich nach Kräften, im Glauben, er werde noch tiefer in die »Regionen der Hölle« gezerrt. Stimmen höhnten: »Wie, muß er in noch tiefere Höllen fahren? Wie furchtbar, wie schrecklich!« Der Teufel hatte jetzt vollends von ihm Besitz ergriffen, wie Trosse sich später erinnerte.

Er erkannte das Irrenhaus von Glastonbury als Hölle, die Fesseln als satanische Qualen und seine Mitpatienten als »Henker«. Obwohl er lange »Rache und Widerstand« gegen Gott suchte, wurde er nach und nach ruhiger, unter dem Einfluß der Frau des Arztes, einer »sehr gläubigen Frau«, die mit ihm betete, bis seine »Gotteslästerungen« nachzulassen begannen. Endlich »beklagte ich meine Sünden«; er galt als so weit wiederhergestellt, um nach Exeter zurückkehren zu können.

Doch wie der sprichwörtliche Hund, der zu seinem Erbrochenen zurückkehrt, wandte sich Trosse wieder seinem alten Lebenswandel zu. Dieses Mal jedoch fand der Kampf mit dem Versucher offen statt. Er wandte sich an Gottesdiener und bat um Anleitung, wie er seine »große Schuldenlast« abwerfen könne. Wieder wurde er nach Glastonbury gebracht, wo er »gegen Gott raste«, im Glauben, wieder gegen den Heiligen Geist gesündigt zu haben. Aber der Arzt »brachte mich wieder in einen Zustand der Gelassenheit und der Gemütsruhe«.

Doch selbst da war Trosse noch nicht völlig wiederhergestellt, denn sein Glaube war »pharisäerhaft«. Nach einem weiteren Rückfall wurde er ein drittes Mal nach Glastonbury gebracht. Endlich, und dieses Mal von bleibender Dauer, »gefiel es Gott, mir nach meinen wiederholten Provokationen Frieden und Gelassenheit wiederzugeben, und den normalen Gebrauch meines Verstandes«. Wie neu geboren wandte sich Trosse nach Oxford, um zu studieren. Mit göttlichem Beistand studierte er Theologie und wurde ein frommer nonkonformistischer Prediger.

Der Trosse, der jetzt seine Autobiographie schrieb – eine mit John Bunyans *Grace Abounding to the Chief of Sinners* (1666; *Überreiche Gnade für der Sünder Größesten*) vergleichbare Bekehrungsschrift –, hatte ein genau definiertes religiöses Konzept von Wahnsinn. Vernunft ging harmonisch einher mit Gott, Geistesgestörtheit dagegen war der Gemütszustand, in dem die vom Teufel besessene Seele gegen den Allmächtigen lästerte. Wahnsinn war demnach eine extreme, akute Phase im Prozeß von Versuchung und Erlösung der Seele, die den Sünder in einen Zustand der Krise versetzte, der der Läuterung vorausging.

Gegen den Strich

Die blutrünstigen Exzesse der Hexen- und Ketzerjagd, während der über 200000 Menschen – vorwiegend Frauen – hingerichtet wurden, führten schließlich zu offiziellen und öffentlichen Vorbehalten gegenüber dem Glauben an dämonische Besessenheit. Einen frühen medizinischen Ausdruck dieses Zweifels finden wir in Johannes Weyers *De Praestigiis Daemonum* (1563; *Von den Teuffeln, Zaubrern, Schwartzkünstlern, Teufelsbeschwerern, Hexen oder Unholden und Gifftbereitern*). Weyer, Stadtarzt im niederländischen Arnhem, warnte davor, Krankheiten bei Alten, Alleinstehenden und Ungebildeten leichtfertig als Hexerei auszulegen. Der Teufel könne das menschliche Verhalten wohl beeinflussen, räumte Weyer ein, doch weil seine Macht letztendlich durch Gott eingeschränkt sei, könne er nur Melancholiker heimsuchen und andere, deren Vorstellungskraft leicht zu verwirren sei. Hexen würden die Ungeheuerlichkeiten, die sie gestanden, nur herbeiphantasieren, so Weyer, und ihre Einbildungen seien die Folge von sinnestäuschenden Drogen oder Träumen. Auch die Verbrechen, derer sie bezichtigt wurden – plötzliche Todesfälle, Impotenz, Mißernten und andere Unglücksfälle –, waren nichts anderes als Naturereignisse. Angebliche Hexen verdienten Mitleid und Pflege, nicht Furcht und Strafe.

Reginald Scot aus Kent, der Autor von *The Discoverie of Witchcraft* (1584; »Entdeckung der Hexerei«), nahm diesen Gedanken auf und fragte ebenfalls, ob es Hexerei tatsächlich gebe. Der orthodox-presbyterianische König Jakob wiederum schrieb sein Werk *Daemonologie* (1597) vor allem, um Scots Skepsis zu widerlegen. Ungefähr seit jener Zeit bezweifelten anglikanische Kleriker angebliche Fälle dämonischer Besessenheit, weil sie befürchteten, daß entsprechende Sensationen den Papisten und Puritanern Auftrieb verleihen könnten. Deren Erscheinungen taten sie als Schwindel oder Einbildungen von Eiferern und Primitiven ab. Aus demselben Grund schaffte die Anglikanische Kirche die Praxis des Exorzismus ab.

Auch Ärzte äußerten Zweifel, wenn auch nicht an der prinzipiellen *Möglichkeit* übernatürlich bedingten Wahnsinns, so doch an der *Beweisführung* im Einzelfall. Im Jahr 1603 waren Edward Jorden und drei andere Londoner Ärzte aufgerufen, im Fall der Elizabeth Jackson auszusagen, die der Verhexung der 14jährigen Mary Glover beschuldigt wurde. Diese war von Anfällen heimgesucht worden, »so furchtbar, daß alle, die um sie herum waren, fürchteten, sie werde sterben«. Sie war stumm geworden und vorübergehend erblindet, ihre linke Seite betäubt und gelähmt. Klassische Symptome – doch war es *maleficium* oder eine Krankheit?

Glover war zunächst von Ärzten des Royal College behandelt worden, doch als sie nicht auf die Behandlung ansprach, kamen die Ärzte zum vorhersehbaren Schluß, daß etwas »jenseits der Natur« im Spiel sein müsse. Jorden bestritt dies und plädierte auf Krankheit; er verteidigte seine medizinische Erklärung in einem Buch mit dem aussagekräftigen Titel: *A Briefe Discourse of a Disease Called the Suffocation of the Mother. Written uppon occasion which hath beene of late taken thereby, to suspect possession of an evill spirit, or some such like supernaturall power. Wherein is declared that divers strange actions and passions of the body of man, which in the common opinion are imputed to the Divill, have their true naturall causes, and do accompany this disease* (1603; »Eine kurze Abhandlung über eine Krankheit, die Ersticken der Mutter genannt wird. Aufgezeichnet anläßlich eines kürzlichen Falles, bei dem Besessenheit durch einen bösen Geist vermutet wurde, oder eine ähnliche übernatürliche Kraft. Worin erklärt wird, daß verschiedene merkwürdige Handlungen und Leidenschaften des menschlichen Körpers, die nach verbreiteter Meinung dem Teufel zugeschrieben werden, ihre wahren natürlichen Ursachen haben und diese Krankheit begleiten«). Jorden bezeichnete Glovers Zustand als

»Ersticken der Mutter« (d.h. der Matrix bzw. Gebärmutter) oder auch nur als »Mutter« – mit anderen Worten: Hysterie. Symptome wie Verstopfung und Gefühle des Erstickens wurden als Krankheit des Uterus gedeutet. Mit Verweis auf Galen argumentierte er, daß Unregelmäßigkeiten der Gebärmutter »Gase«[1] entstehen ließen, die sich im Körper ausbreiteten und Beschwerden in den Extremitäten, im Abdomen und selbst im Gehirn auslösten, die zu Anfällen, konvulsivischem Tanzen usw. führten. Oft als Besessenheit mißverstanden, seien solche Phänomene aber korrekterweise als »Ersticken der Mutter« zu erklären, glaubte Jorden. Sein primäres Anliegen war es, eine *natürliche* Erklärung zu finden.

Medizinische Einwürfe wie jene von Jorden konnten eine Frau entlasten und sie davor bewahren, als Anhängerin des Teufels verurteilt und möglicherweise hingerichtet zu werden. Die Kehrseite davon konnte eine Anklage wegen Betrugs sein – als falsche Hexe. In späteren Jahrhunderten wurden »hysterische« Frauen ebenso stigmatisiert wie zuvor »Hexen«, wenn sie auch keine juristischen Strafen zu erdulden hatten. Die Misogynie blieb dieselbe, nur die Diagnose lautete anders. In einem vielsagenden Brief an seinen Freund Wilhelm Fließ bemerkt Freud, wie gut er die Hexenjäger vergangener Zeiten verstehen könne.

[1] Eine alte Bedeutung des englischen Wortes »the vapours = Melancholie, Depression, Schwermut« erinnert an den Zusammenhang zwischen Physiologie und Psychologie. (Anm. d. Ü.)

Aufgeklärte Meinungen

In der gebildeten Elite stießen Meinungen wie jene von Scot und Jorden zunehmend auf offene Ohren. Der Dreißigjährige Krieg (1618–1648) auf dem Kontinent und der Bürgerkrieg in Großbritannien (1642–1651) weckten starken Widerstand gegen religiös-politischen Extremismus, weil er schädlich für die öffentliche Ordnung und die persönliche Sicherheit sei.

Gegen Wiedertäufer, Ranters und Antinomisten (diese meinten, vom Heiligen Geist erfüllt zu sein, und glaubten, »dem Reinen seien alle Dinge rein«) sowie gegen andere selbsternannte Heilige, die die öffentliche Ordnung in Kirche und Staat gefährdeten, wurde ein wahres Trommelfeuer an Beschimpfungen eröffnet. Ihre Lehren wurden nicht nur aus exegetischen, theologischen und dämonologischen, sondern auch aus *medizinischen* Gründen angeprangert: Diese aufgeblasenen Propheten seien im wörtlichen Sinne hirnkrank, nicht vom Heiligen Geist, sondern von Wind »inspiriert«.

Ärzte und ihre Verbündeten wiesen auf die Verwandtschaft von Menschen in religiösen Randgruppen und wahren Verrückten hin: Fielen nicht beide Gruppen durch Glossolalie (Hervorbringen von fremdartigen Sprachlauten), Zuckungen, Weinen und Klagen und ähnliche Symptome auf? »Enthusiasmus« wurde als psychopathologisches Merkmal gedeutet. Einige verglichen »Eifer« mit Epilepsie; Ärzte, die der Humorallehre anhingen, diagnostizierten ein Übermaß an schwarzer Galle; die neue mechanistische Philosophie hingegen vermutete entzündetes Gewebe, Gefäßblockaden oder rauchige Gase aus verstopften Eingeweiden, die in den Kopf stiegen und das Urteilsvermögen trübten, als Ursache religiöser Ohnmachten und Krämpfe. Aus solchen Überzeugungen schloß im siebzehnten Jahrhundert Thomas Willis, Anglikaner, Royalist und Erfinder des Begriffs »Neurologie«, die Anwesenheit des Teufels aus: Die sogenannte Besessenheit sei nichts als ein Defekt der Nerven und des Gehirns. Nach 1650 distanzierten sich die Eliten von der Hexerei: Die Phänomene seien nicht auf satanische Verschwörung zurückzuführen, sondern Anzeichen für eine individuelle Krankheit oder eine kollektive Hysterie. Auch Magistraten des achtzehnten Jahrhunderts erachteten Konvertiten, die bei Methodistentreffen in Ohnmacht fielen oder herumschrien, als reif für die Anstalt – und standen damit im Gegensatz zu John Wesley, der den Glauben an Hexerei und teuflische Besessenheit nicht aufgab. Noch in den 1630er Jahren verteidigte der angesehene Arzt Sir Thomas Browne in England vor Gericht die Existenz von Hexerei. In anderen Ländern Europas dauerten die dämonologischen Debatten noch länger an. Um 1700 bemühte sich der große Friedrich Hoffmann, Medizinprofessor in Halle, das Problem für die deutschsprachigen Länder zu lösen. 1693 behauptete Dr. Ernst Heinrich Wedel in Jena, Gespenster seien »falsche Vorstellungen, gegen das Gesetz der Natur«. Hoffmann dagegen stellte fest, daß der Teufel mit Hilfe von Tiergeistern auf Hexen wirke, und einer seiner Schüler bestätigte den Einfluß des Teufels sowohl auf den Geist wie auf den Körper.

Zur Zeit Hoffmanns erklärten alle namhaften niederländischen, französischen und britischen Ärzte die religiöse Melancholie als ausschließlich natürliche Erscheinung. Die Visionen von Quäkern und anderen Sektenanhängern bezeichnete Dr. Nicholas Robinson, ein leidenschaftlicher Verfechter der Ideen Newtons, als schieren Wahnsinn, der von den »stärkeren Impulsen eines warmen Gehirns« verursacht werde. Und Dr. Richard Meads *Medica sacra* (1749) fand rationale Erklärungen für Besessenheit und andere Krankheiten, die traditionellerweise dem Teufel zugeschrieben wurden: Solcher Glaube sei ein »gemeiner Fehler, ... ein Schreckgespenst für Kinder und Frauen«.

Eine Generation später zeigte sich der englische Arzt und Vorreiter des aufgeklärten Denkens, Erasmus Darwin, entsetzt über das Fortleben des Aberglaubens an das Wirken Satans. In seinem Buch *Zoonomia, or, The Laws of Organic Life* (1794; *Zoonomia oder die Gesetze des organischen Lebens*) und an anderen Stellen beschuldigte er die Wesleyaner, Höllenfeuer und Verdammnis zu predigen: »Viele theatralische Prediger der Methodisten wecken Angst und Schrecken und leben bequem von der Torheit ihrer Zuhörer. In diesem Zustand des Wahnsinns begehen die armen Patienten oft Selbstmord.« Darwin – selbst ein Ungläubiger – zitierte Fallbeispiele von unglücklichen Opfern, deren »Skrupel« sie in religiösen Wahnsinn stürzten und schließlich in Verzweiflung und Tod:

> Mr. –, ein Geistlicher und früherer Bewohner unseres Viertels, begann aus religiösem Antrieb, sich zu schlagen und zu verletzen ... Weil er Frau und kleine Kinder hatte, fürchtete ich, der Fall sei unheilbar, da sonst die Zuneigung und Zuwendung seiner Familie den Ausbruch des

> Irrsinns verhindert hätten. Er wurde vergeblich in ein Irrenhaus gebracht, und nach seiner Heimkehr fuhr er fort, sich zu verletzen und zu schlagen. Durch diese Kasteiung und durch langes Fasten wurde er ganz abgemagert und starb schließlich ... Was für Grausamkeiten, Morde und Massaker dieser Wahnsinn doch in die Welt gebracht hat.

Auf diese Weise wurde der religiös bedingte Wahnsinn und mit ihm aller Glaube an die Existenz übernatürlicher Einmischung in menschliche Angelegenheiten auf die Ebene der Psychopathologie verlegt.

Die Verweltlichung des Wahnsinns

Die Hexenjagd war eine Folge des Zusammenwirkens traditionellen Volksglaubens an das Übernatürliche, gelehrter Dämonologie der protestantischen und gegenreformatorischen Theologie, der Magie der Renaissance und neuerlicher Kreuzzüge gegen die Ketzerei. Ab dem siebzehnten Jahrhundert gaben die herrschenden Schichten diese Lehren auf: Sie schienen nicht nur irrational und vorwissenschaftlich, sondern waren außerdem kein Garant für den Erhalt der sozialen Ordnung. »Hexen« wurden nicht mehr verfolgt, sondern beschützt; doch dabei wurden lediglich alte Hexen durch neue ersetzt – die neuen Sündenböcke waren Bettler, Kriminelle und Landstreicher. John Locke bestand auf *The Reasonableness of Christianity* (1694; *Die Vernünftigkeit des biblischen Christentums*): Selbst die Religion hatte nun vernünftig zu sein.

Diese Pathologisierung des religiösen Wahnsinns führte aufgeklärte Freigeister dazu, die Religion als solche zu pathologisieren. Dies sollte sehr viel später auch die Position von Freud sein. Gott sei eine Illusion, das Glaubensbekenntnis »Wunscherfüllung« und der Glaube, wenn auch sehr real, eine mentale Projektion zur Befriedigung neurotischer Bedürfnisse, zu erklären als Sublimation unterdrückter Sexualität oder als Wunsch nach dem Tod. Indem er die Religion auf die Ebene der Psychopathologie reduzierte, erinnerte Freud an die schärfsten französischen Philosophen wie Voltaire und Diderot, die den christlichen Glauben als morbide Absonderung kranker Gehirne verstanden.

Die heutige Kirche akzeptiert im Prinzip noch immer die Realität von Visionen, Geisterbesessenheit und Exorzismus, doch sie ist auch zutiefst mißtrauisch gegenüber Leichtgläubigkeit und Täuschung. Ein Katholik oder Anglikaner, der heute vorgibt, vom Teufel heimgesucht zu werden, gälte als Peinlichkeit. Sein Seelsorger wird ihn davon zu überzeugen versuchen, die Doktrin lediglich metaphorisch zu verstehen; insistierte der Gläubige jedoch, würde er ihn zu einem Psychotherapeuten schicken.

Wie wir gesehen haben, begegnete man religiösen Modellen von Wahnsinn hauptsächlich mit den Konzepten und der Sprache der Medizin. Mit der Zeit ersetzten Ärzte die Priester bei der Behandlung der Geisteskranken. Wenden wir uns nun den medizinischen Theorien über abnormales Denken und Verhalten zu.

3 Wahnsinn aus rationaler Sicht

> Die ursprüngliche oder primäre Ursache von Wahnsinn ist ein Rätsel.
>
> *William Pargeter, 1792*

Nachdenken über Wahnsinn

Frühe Zivilisationen führten Wahnsinn also auf übernatürliche Kräfte zurück. Die Assyrer und Ägypter glaubten, viele Krankheiten würden vom Himmel herabgeschleudert, ihre Behandlung wurde demzufolge den Priesterärzten überlassen, die für die Diagnosestellung und Therapie Omen, Opfergaben und Weissagungen zu Hilfe nahmen. Archaische griechische Mythen und Heldengedichte sahen im Wahnsinn ebenfalls eine Heimsuchung durch die Götter, während für Krankheiten nach der Überlieferung Geister verantwortlich waren und darum Hoffnung bestand, an Asklepios-Schreinen dank göttlicher Intervention die Gesundheit wiederzuerlangen.

Die Philosophen dagegen, die seit dem sechsten vorchristlichen Jahrhundert in den griechischen Stadtstaaten in Erscheinung traten, betrachteten den Kosmos und die Situation des Menschen im Zusammenhang mit der Natur. Sokrates ignorierte bekanntlich die Götterwelt und analysierte gemeinsam mit seinem Schüler Platon die Elemente der Seele: Vernunft, Mut und Begierde. In der Folge definierte Platons Schüler Aristoteles den Menschen als vernünftiges Tier innerhalb des Systems der

Natur. Für Protagoras war der Mensch gar das Maß aller Dinge.

Die griechischen Philosophen des fünften und vierten Jahrhunderts v. Chr. dachten systematisch über Natur, Gesellschaft und Bewußtsein nach, um der Ordnung der Dinge auf die Spur zu kommen. Die Denker entwarfen das rationale Individuum – genauer: gebildete, angesehene Männer wie sie selbst – als Vorbild ethischer und politischer Ideale. Während sie sich derart für die Vernunft stark machten, verneinten sie dennoch nicht die Realität des Irrationalen. Im Gegenteil, die große Bedeutung, die sie dem rationalen Denken und Handeln beimaßen, belegt die Gefahr, die sie in den Leidenschaften und in der blinden, zerstörerischen Kraft des Schicksals erkannten: Nur das ruhige Streben nach Vernunft konnte den Menschen vor der Katastrophe bewahren.

Besonders Platon (ca. 427–347 v. Chr.) verdammte das Verlangen als den Erzfeind der menschlichen Freiheit und Würde. Seine Polarisierung des Rationalen und des Irrationalen, mit der er die Herrschaft des Geistes über den Körper behauptete, wurde für die klassischen Werte in späteren philosophischen Strömungen bestimmend, etwa in dem von Seneca, Cicero und Mark Aurel erläuterten Stoizismus. Selbsterkenntnis – das »Erkenne dich selbst« des Orakels von Delphi – ermöglichte es der Vernunft, die menschliche Natur zu analysieren und zu erklären und dadurch das abhängig machende Verlangen zu beherrschen. Erschreckt durch die gewaltigen, ursprünglichen Kräfte, die den Geist bedrängen, entlarvten Platonismus, Pythagoreismus, Stoizismus und andere philosophische Schulen das Irrationale als Gefahr und

Schande, die von Vernunft und Seele bekämpft werden mußten.

Indem sie den Geist überhöhten und auf Ordnung und Logik setzten, definierten die griechischen Denker auf Jahrhunderte hinaus das Problem des Irrationalen – ohne es indes lösen zu können. Sie machten den Menschen zum Maß aller Dinge, holten den Wahnsinn vom Himmel herunter und vermenschlichten ihn. Sie stellten Theorien auf, um verschiedene Formen geistiger Verwirrung zu deuten. Wie also erklärten sich die Griechen diesen Schiffbruch der Seele – und wie hofften sie, ihn zu verhindern oder zu heilen?

Wahnsinn medizinisch verstanden

Die geschilderten dramatischen und philosophischen Traditionen wurden durch die Medizin ergänzt. In den im *Corpus Hippocraticum* zusammengefaßten, angeblich von Hippokrates von Kos, zumeist aber später, nämlich im vierten vorchristlichen Jahrhundert, verfaßten Lehren entwickelte die griechische Medizin ein umfassendes, ganzheitliches Erklärungsmodell für Gesundheit und Krankheit, das auch den Wahnsinn umfaßte. Ziel der hippokratischen Medizin war es, die Natur im Bemühen um die Erschaffung eines gesunden Geistes in einem gesunden Körper zu unterstützen.

Das Leben des gesunden wie des kranken Menschen war als Teil der Natur zu verstehen. In einem der hippokratischen Texte heißt es:

> Wir müssen wissen, daß Genuß, Freude, Lachen und Scherz, aber auch Trauer, Schmerz, Kummer und Tränen

> vom Gehirn ausgehen, und nur vom Gehirn. Wir denken, sehen und hören durch das Gehirn und unterscheiden das Häßliche vom Schönen, das Schlechte vom Guten und das Angenehme vom Unangenehmen ... Darauf zurückzuführen ist auch, was uns verrückt macht oder phantasieren läßt, was uns mit Furcht und Schrecken erfüllt, sei es bei Tag oder bei Nacht, was uns den Schlaf raubt, ungelegene Fehler machen läßt, mit grundloser Sorge erfüllt, und daß wir zerstreut sind und gegen die Gewohnheit handeln.

Mit dieser Definition schloß die Medizin übernatürliche Einflüsse von vornherein aus.

Die hippokratische Medizin erklärte Gesundheit und Krankheit mit dem Modell der Humores (Körpersäfte). Diesem Modell zufolge war der Körper einer Abfolge von Entwicklung und Veränderung unterworfen, welche von den wichtigen Säften innerhalb der Hauthülle bestimmt wurde; Gesundheit oder Krankheit waren eine Folge ihres wechselnden Gleichgewichts. Die entscheidenden, lebenserhaltenden Säfte waren Blut, *chole* (gelbe Galle), *phlegma* (Schleim) und *melaina chole* (schwarze Galle oder Melancholie). Jeder erfüllte einen bestimmten lebenserhaltenden Zweck. Blut war der Quell der Lebenskraft, gelbe Galle der für die Verdauung unentbehrliche Saft, Schleim ein Schmier- und Kühlmittel (in diese große Kategorie fallen alle farblosen Sekrete; Schleim wurde unter anderem in der Form von Schweiß und Tränen sichtbar und trat meist dann zutage, wenn er im Überfluß vorhanden war – bei Erkältung und Fieber etwa, wenn er aus Mund und Nase trat), und schließlich die schwarze Galle oder Melancholie. Diese war problematischer. Man machte die dunkle Flüssigkeit, die fast nie in reiner Form auftrat, für die Trübung anderer Flüssigkeiten verantwortlich, zum Beispiel wenn Blut, Haut oder Stuhl sich dunkel verfärbten. Sie war es auch, die Haare, Augen oder die Haut dunkel machte. Die vier Hauptsäfte waren für die sichtbaren und fühlbaren Phänomene der körperlichen Existenz verantwortlich: Temperatur, Farbe und Beschaffenheit. Blut machte das Fleisch heiß und feucht, gelbe Galle heiß und trocken, Schleim kalt und feucht, und schwarze Galle erzeugte kalte und trockene Empfindungen.

Zu diesem Säftemodell wurden Parallelen mit den vier Elementen des aristotelischen Universums gezogen: Luft, Feuer, Wasser, Erde. Blut entsprach dabei der Luft: warm, feucht und bewegt; gelbe Galle war wie Feuer: warm und trocken; Schleim erinnerte an Wasser: kalt und feucht; die schwarze Galle ähnelte der Erde: kalt und trocken. Solche für die griechische Wissenschaft zentralen Analogien verwiesen auf weitere Facetten der natürlichen Welt, zum Beispiel auf astrologische Einflüsse oder die Wechsel der Jahreszeiten, und wurden durch sie ergänzt. Als kalte und feuchte Jahreszeit wurde der Winter mit Schleim assoziiert, er war die Jahreszeit, in der man sich erkältete. Jede Flüssigkeit hatte eine bestimmte Farbe – Blut war rot, gelbe Galle gelb, Schleim farblos und schwarze Galle dunkel. Diese Farbtöne waren auch für die Hautfarbe verantwortlich und erklärten, warum bestimmte Rassen weiß, schwarz, rot oder gelb waren und warum einzelne Menschen blasser, dunkler oder roter waren als andere.

Weiter erklärte das Gleichgewicht der Säfte die Temperamente bzw. das, was in späteren Jahrhunderten Per-

5 Dieses Badehaus mit sechs Männern und einem Zuschauer ist eine Allegorie auf die vier Körpersäfte und fünf Sinne; nach Dürer, ca. 1496.

sönlichkeit und Veranlagung genannt werden sollte. Ein mit viel Blut ausgestatteter Mensch war rotgesichtig und hatte ein »sanguinisches« (heiteres) Temperament, war lebhaft, energiegeladen und robust, wenn auch vielleicht aufbrausend und ungeduldig. War einer mit einem Übermaß an gelber Galle geschlagen, war er cholerisch oder bitter und zeichnete sich durch eine scharfe Zunge aus. Ähnlich verhielt es sich mit Schleim (ein blasser, phlegmatischer Charakter) und schwarzer Galle (eine dunkelhäutige Erscheinung mit düsterer Veranlagung und finsterem Blick). Kurzum, die vielfältigen, ganzheitlichen Querverbindungen zwischen Physiologie, Psychologie und Verhalten boten ein unendliches Erklärungspotential, gerade weil Zusammenhänge zwischen innerer Veranlagung (Temperament) und äußeren physischen Erscheinungsformen (Gesichtsfarbe) hergestellt werden konnten. Solche Erklärungssysteme, die auf Analogien beruhten, waren nicht nur plausibel, sondern geradezu unentbehrlich, jedenfalls solange die Wissenschaft keinen direkten Zugang zu dem hatte, was unter der Haut oder im Kopf vorging. Gemäß den Wertvorstellungen im Athen zur Zeit von Perikles war der menschliche Körper edel oder gar heilig, ihn zu sezieren daher grundsätzlich ausgeschlossen.

Die ganzheitliche Anlage des humoralen Denkens erlaubte einfache Erklärungen für den Übergang von Gesundheit zu Krankheit, sowohl des Körpers wie des Geistes (obwohl diese im ganzheitlichen System nie auseinandergehalten wurden). Es war alles in bester Ordnung, solange die Säfte harmonisch ausbalanciert im Körper vorhanden waren. Krankheiten traten im Fall der

Zu- oder Abnahme eines Saftes auf. Bildete der Körper, zum Beispiel aufgrund einer falschen Ernährung, zu viel Blut, resultierten daraus »sanguinische Beschwerden« – modern ausgedrückt: Bluthochdruck –, man überhitzte und bekam Fieber, die Folge konnte ein Schlaganfall oder Wahnsinn sein. Dagegen führten Blutarmut oder eine schlechte Blutqualität zu eingeschränkter Vitalität, Blutverlust durch Verletzungen sogar zu Bewußtlosigkeit oder Tod. Ein Überschuß an Blut oder gelber Galle konnte zum Wahnsinn führen, während ein Übermaß an schwarzer Galle – kalt und trocken – Niedergeschlagenheit, Melancholie und Depression verursachte.

Glücklicherweise ließen sich solche Störungen im humoralen Gleichgewicht mit einem vernünftigen Lebenswandel oder mit medizinischen und chirurgischen Maßnahmen verhindern beziehungweise beheben. »Braute« die Leber zum Beispiel zu viel Blut oder war dieses durch Gifte belastet – beides konnte zum Wahnsinn führen –, so wurde ein Aderlaß (auch Venenschnitt oder Phlebotomie genannt) angeordnet; diese Behandlungsmethode erfreute sich in den Irrenhäusern Europas als prophylaktischer und therapeutischer Notanker eines langen Lebens. Eine besondere Diät versprach ebenfalls Besserung. Ein rasender Verrückter war auf eine »verwässernde« und »kühlende« Diät zu setzen, mit grünem Salat, Gerstenwasser und Milch, während Alkohol und rotes Fleisch verboten waren. Es wurden unglaublich detaillierte Empfehlungen zu Diät, Körperertüchtigung und Lebenswandel abgegeben.

Das humorale Denken schuf ein umfassendes Erklärungssystem auf der Basis markanter archetypischer Parameter (heiß/kalt, feucht/trocken usw.) und umfaßte das Natürliche und das Menschliche, das Physische und das Psychologische, das Gesunde und das Pathologische. Während es dem Laien einfach und verständlich erschien, erlaubte es dem Spezialisten technische Verfeinerungen.

Im leicht zu durchschauenden System der humoralen Gegensätze waren Störungen des Verstandes leicht als Fortsetzung körperlicher Beschwerden zu erkennen. In einem Modell, in dem Gesundheit mit Gleichgewicht und Krankheit mit Exzeß gleichgesetzt wurde, lag die Anwesenheit eines dem Wahnsinn gleichwertigen, jedoch entgegengesetzten pathologischen Zustandes nahe, ja setzte diesen geradezu voraus: die Melancholie. Die Kategorien Wahnsinn und Melancholie (stellvertretend für heiß und kalt, feucht und trocken, »rot« und »schwarz«) gruben sich sowohl intellektuell wie emotional, und vielleicht auch ästhetisch und unbewußt, tief in das Denken der gebildeten europäischen Eliten ein. Ähnliches geschah im zwanzigsten Jahrhundert mit psychoanalytischen Schlüsselkonzepten wie Unterdrückung, Abwehr, Projektion und Verleugnung.

Der klinische Blick

Die griechische Medizin entwickelte dieses plausible und befriedigende Gerüst nicht im Abstrakten: Es war klinisch fundiert und praktisch anwendbar. Fallgeschichten über geistige Abnormitäten sind seit der Zeit der hippokratischen Schriften dokumentiert. In einer von ihnen wird eine Frau beschrieben, die unzusammenhängendes

Zeug faselt, Obszönitäten von sich gibt und unter Furcht, Depression und »Kummer« leidet; eine andere Frau »tastet und zupft« in wortloser Qual, »kratzt und reißt Haare aus, weint und lacht ... doch ohne zu sprechen«. In einem anderen Fall, der nach wahnhafter Melancholie klingt (ausgelöst durch schwarze Galle, die aus der Leber in den Kopf gestiegen ist), wird ein Zustand beschrieben, der »üblicherweise unterwegs auftritt, wenn eine Person einen einsamen Weg geht und von Furcht ergriffen wird«.

Wie gesehen, unterschied die griechische Medizin mit ihrem routinemäßigen binären Denken zwei hauptsächliche Manifestationen von Stimmungs- und Verhaltensstörungen: Manie bzw. Wahnsinn (Raserei) und Melancholie (Schwermut). Die vollständigsten frühen klinischen Beschreibungen dieser Zustände sind von einem Zeitgenossen des großen Galen, Aretaios von Kappadokien (um 140 nach Christus), in dessen Werk mit dem lateinischen Titel (er schrieb allerdings griechisch) *De causis et signis acutorum et diuturnorum morborum* (*Von den Ursachen und Kennzeichen der akuten und chronischen Krankheiten*) überliefert. Über die Melancholie schrieb er:

> Die Patienten sind stumpf oder ernst: niedergeschlagen oder grundlos abgestumpft, ohne erkennbaren Grund: dies ist der Anfang der Melancholie, und sie werden auch reizbar, entmutigt, schlaflos und schrecken aus einem unruhigen Schlaf auf. Sie werden auch von unbegründeten Ängsten geschüttelt ... Sie neigen zu spontanen Meinungsumschwüngen, zu Gemeinheiten, Geiz, Intoleranz und nach kurzer Zeit zu Einfalt, Verschwendung, Großzügigkeit, nicht aus irgendeiner Eigenschaft der Seele, sondern

> aufgrund der Wandelbarkeit der Krankheit. Doch wenn die Krankheit akuter wird, sind Haß, Menschenflucht, eitle Klagen zu beobachten: sie beklagen sich über das Leben und wünschen zu sterben; bei vielen wird der Verstand so unempfänglich und albern, daß sie ihre Umwelt nicht mehr wahrnehmen und sich selbst vergessen und das Leben eines niederen Tieres führen.

In diesem Bericht wird deutlich, daß die Melancholie keine modische, träumerische Traurigkeit wie später bei Keats und anderen Dichtern der Romantik war. Für Aretaios und die klassische Medizin überhaupt war sie eine ernste geistige Störung. Angst und Niedergeschlagenheit waren ihre zentralen Elemente, dazu kamen andere, von Halluzinationen ausgelöste heftige Gefühlsregungen sowie Argwohn, Mißtrauen, Furcht und Beklommenheit. Über die Wahnvorstellungen von Depressiven schrieb Aretaios:

> Der Patient stellt sich vielleicht vor, er habe eine andere Form als seine eigene angenommen. Einer glaubt, er sei ein Sperling, ein Hahn oder eine tönerne Vase, ein anderer meint, ein Gott, Redner oder Schauspieler zu sein, der mit ernster Miene einen Strohhalm wie ein Szepter trägt. Einige schreien wie Säuglinge und wollen auf den Arm genommen werden, oder sie glauben, ein Senfkorn zu sein, und zittern unaufhörlich, aus Angst, von einer Henne aufgepickt zu werden.

Ähnliche Geschichten – etwa von einem Mann, der nicht urinieren kann aus Angst, die Welt zu überschwemmen, oder von einem, der überzeugt ist, aus Glas zu sein, und fürchtet, im nächsten Moment zu zerbrechen – wurden immer wieder erzählt, u.a. in Robert Burtons *Anatomy*

6 »Melancolia« von Albrecht Dürer, 1514. Eine niedergeschlagene, geflügelte weibliche Figur mit einem geometrischen Instrument in der Hand, umgeben von Attributen des Wissens. Die Zeit (Sanduhr) läuft ab, auch die Natur ist dem Verfall geweiht.

of Melancholy (1621; *Die Anatomie der Melancholie*) und auch später.

Für Aretaios war die Depression ein ernster Zustand, ihre Illusionen, Obsessionen und *idées fixes* äußerst zerstörerisch. »Der Melancholiker isoliert sich, er befürchtet, verfolgt und eingekerkert zu werden, er quält sich mit abergläubischen Ideen, er haßt das Leben ... er ist erfüllt von Panik, er faßt seine Hirngespinste als Wahrheit auf ... er beklagt sich über eingebildete Krankheiten, verflucht das Leben und wünscht sich den Tod.«

Das andere Extrem war die Manie. Der Zustand, der durch Maßlosigkeit und Kontrollverlust gekennzeichnet ist, manifestierte sich laut Aretaios durch »Wut, Erregung und Fröhlichkeit«. In akuten Fällen »erschlägt der Kranke manchmal seine Diener«, oder er behauptet großspurig, ein »Philosoph« zu sein, obwohl er völlig ungebildet ist. Die Manie schließt häufig Euphorie ein: Der Patient »deliriert, studiert Astronomie, Philosophie ... er fühlt sich großartig und genial«.

Als rational denkender Vertreter der klassischen Medizin mißbilligte Aretaios die kollektiven, überreizten Ausbrüche des Dionysoskultes, die seiner Meinung nach Schande über die griechische Zivilisation gebracht hatten und auch im Römischen Reich noch gegenwärtig waren. Er diagnostizierte diese religiösen Ausbrüche medizinisch und wies auf Formen der abergläubischen Manie wie die Besessenheit von einem Gott (göttlicher *furor*) hin, die besonders unter den Anhängern des Kultes der Kybele verbreitet war. In »enthusiastischen und ekstatischen Zuständen« führten die Anhänger wilde Prozessionen auf, und wie bei den Korybanten »kastrierten sich die Gläubigen eigenhändig und boten ihre Penisse der Göttin dar«. Die Eiferer gerieten in eine angeblich göttlich inspirierte Trance, fielen in euphorische Delirien und beteten zum Gott der Ekstase und des Tanzes. All dies verriet seiner Meinung nach »Wahnsinn ... in einer kranken, trunkenen und verwirrten Seele«.

Aretaios wird die Identifizierung dessen zugeschrieben, was man später bipolare Störung nennen sollte. »Einige Patienten haben nach melancholischen Phasen Anfälle von Manie«, beobachtete er, »so daß die Manie wie eine Form der Melancholie erscheint.« Eine zuvor euphorische Person bekommt plötzlich »eine Tendenz zur Melancholie; am Ende der Attacke wird sie matt, traurig, wortkarg, macht sich Sorgen über ihre Zukunft und schämt sich«. Nach einer Phase der Niedergeschlagenheit kehrten Patienten oft zur Hyperaktivität zurück: »Sie stolzieren mit gekrönten Häuptern umher, als kämen sie siegreich von den Spielen zurück; manchmal lachen und tanzen sie tage- und nächtelang.«

Aretaios' deutlich wiedererkennbares Bild von wilden Stimmungsschwankungen wäre den französischen Psychiatern Jean-Pierre Falret und Jules Baillarges im neunzehnten Jahrhundert sehr bekannt vorgekommen. Ihre Arbeiten zu »zirkulärem (oder doppeltem) Irresein« deutete auf die moderne Kategorie der manisch-depressiven Psychose hin (siehe Kapitel 6). Doch wir sollten uns hier vor den Versuchungen der nachträglichen Einsicht hüten.

Die griechisch-römische Medizin hielt eine Unzahl an Therapien für Verrückte bereit, die oft völlig widersprüchlich waren. Soranos von Ephesos zum Beispiel riet, mit den Verwirrten zu sprechen. Aulus Cornelius Celsus dagegen glaubte an die Schocktherapie; er hoffte, die Patienten durch Isolation in totaler Dunkelheit und die Anwendung von Abführmitteln in die Gesundheit zurückzuschrecken.

Eine überlieferte Tradition

Die islamische und die christliche Medizin des Mittelalters blieben der von Hippokrates begründeten und von Galen, Aretaios und anderen systematisierten medizinischen Tradition treu. Die von gelehrten Ärzten des Mittelalters bekannten Berichte über Wahnsinn wiederholten im Prinzip die älteren. Die Kräuter- und Heilbücher der frühmittelalterlichen Mönche vermengten vereinfachtes klassisches Wissen mit Volksglauben und magischen Rezepten. Melancholie und Manie herrschten bei der Diagnose vor. Bartholomäus Anglicus, der im dreizehnten Jahrhundert in Paris lehrte, führte unter »Melancholie« in gut aretäischer Manier Zustände wie Angst, Hypochondrie, Depression und Wahnvorstellungen auf.

Von den Griechen hergeleitetes Wissen und Denken behielt auch in der Renaissance seine Gültigkeit. Denis Fontanon, Professor in Montpellier (im sechzehnten Jahrhundert eine der führenden medizinischen Universitäten), hielt im Zusammenhang mit Manie fest, daß sie »manchmal ausschließlich durch das warme Naturell des Gehirns verursacht wird, ohne schädlichen Körpersaft, und das ist dasselbe, was in der Trunkenheit passiert. Manchmal tritt sie bei Stichen auf und wenn warme Körpersäfte das Gehirn angreifen und dieses zusammen mit seinen Membranen stimulieren.« Die Erscheinungsformen der Manie erklärte er anhand ihrer Eigenschaften und Ursachen. Es war ein gutes Zeichen, wenn sie mit Lachen einherging; war das Gemisch aus Blut und gelber Galle jedoch »verbrannt« (wenn es besonders schwer und eingedickt aussah), so folgte »brutaler Wahnsinn, und dieser ist die gefährlichste Manie von allen«.

Fontanons jüngerer Kollege in Montpellier, Felix Platter (1536–1614), setzte Manie ebenfalls mit Maßlosigkeit gleich. Wie bei der Melancholie pflegten die Betroffenen »Dinge zu erfinden, zu beurteilen und falsch zu erinnern«. Der Irre war in allem unvernünftig:

> Manchmal sind sie Autoren bescheidener Worte und Taten, die nicht von Raserei begleitet werden; öfter jedoch, wenn sie in Wut geraten, drücken sie ihren geistigen Impuls in wildem Ausdruck aus und in Wort und Tat. Dann kommen falsche, obszöne und furchtbare Dinge heraus, sie schreien, fluchen und unternehmen mit brutalem Appetit verschiedene Dinge, die man sonst unter keinen Umständen von Menschen kennt, bis hin zur Bestialität, wenn sie sich wie die Tiere benehmen. Einige unter ihnen suchen besonders intensiv nach sexueller Befriedigung. Ich beobachtete dies bei einer gewissen Dame, die sonst in jeder Hinsicht höchst ehrenwert war, die mit niedrigsten Worten und Gesten Männer und Hunde zum Geschlechtsverkehr einlud.

In seiner Darstellung der Melancholie hob Platter Angstzustände und Wahnvorstellungen hervor. Wie Aretaios stellte er sie als »eine Art geistige Entfremdung« dar, bei der »die Vorstellungskraft und das Urteilsvermögen so pervertiert werden, daß die Opfer ohne jeden Grund sehr traurig und ängstlich werden«. Die Krankheit glich einem Horrortrip von Wahnvorstellungen, die von falschen Bildern hervorgerufen wurden.

Ein weiterer Zeitgenosse, Timothie Bright, veröffentlichte 1586 die erste englischsprachige Abhandlung über die Melancholie; vermutlich war es dieses Werk, dem Shakespeare seine Kenntnis psychiatrischer Schriften verdankte. Der Höhepunkt des humoralen Ansatzes bei Geistesstörungen liegt jedoch im enzyklopädischen Werk *Anatomy of Melancholy* von Robert Burton, der als Professor in Oxford sein ganzes Leben der Erforschung, Niederschrift und Verbesserung seines *Opus magnum* widmete. Burton schuf eine düstere Bildergalerie wortkarger, einsamer, verwirrter und oft gefährlicher Melancholiker und führte als Ursachen für deren Zustand neben der klassischen Überhitzung von Milz[1], Gehirn und Blut auch die folgenden Möglichkeiten auf: »Faulheit, Einsamkeit, übertriebenes Studium, Unruhe, Unzufriedenheit, Sorgen, Kummer, heftige Lüste, Ehrgeiz usw.« Auch seine enzyklopädischen Empfehlungen zur Therapie umfaßten die ganze Skala aller seit der Antike erdachten Mittel: Diät, Leibesertüchtigung, Ablenkung, Reisen, Purgative, Aderlaß und so weiter, sowie Hunderte von Kräuterheilmitteln. Die Heirat sei das beste Rezept für melan-

[1] Das englische Wort »Spleen« bedeutet sowohl Milz als auch Schwermut, Laune, Zorn, Raserei bzw. jede Form von Gemütsschwankung. (Anm. d. Ü.)

7 Der Schweizer Arzt Felix Platter und zwei Kollegen sitzen an einem mit chirurgischen Instrumenten und Büchern bedeckten Tisch. Darunter die Figuren von Hippokrates und Galen, links und rechts einer menschlichen Haut.

cholische Jungfrauen, schrieb der Junggeselle Burton, der auch zu Musiktherapie riet, die ebenfalls schon im Alten Testament zu finden ist:

> Wenn nun der Geist Gottes über Saul kam, so nahm David die Harfe und spielte mit seiner Hand; so erquickte sich Saul, und es ward besser mit ihm, und der böse Geist wich von ihm. (1. Samuel 16,17)

Ebenso wie andere Autoren, die über dieses Thema schrieben, war auch Burton selbst Betroffener: »Ich schreibe über Melancholie, um mich durch Beschäftigung von der Melancholie abzulenken.« Und mit Blick auf seine Leidensgenossen schloß er sein Mammutwerk mit der Ermahnung ab, »sei nicht einsam, sei nicht müßig«, ein Ratschlag, den er selbst offensichtlich nur zur Hälfte befolgte. Burtons großes Werk vermittelt den traurigen Eindruck, daß es über den Wahnsinn so viele Theorien gibt wie Wahnsinnige und daß sie einander alle widersprechen. Und wieder hat Polonius recht! Die Renaissance erlebte also keine kopernikanische Revolution der Psychiatrie, die die geheimnisvollen Bewegungen unter der Schädeldecke abschließend hätte enthüllen können. Vielmehr war sie Höhepunkt und Abschluß der klassischen Tradition. Im Jahrhundert nach Burton schufen die neuen Disziplinen Anatomie und Physiologie, die wir mit Andreas Vesalius und William Harvey verbinden, die Grundlagen für neue organische Theorien über den Wahnsinn und lösten damit die Säftelehre ab (dazu mehr in Kapitel 6). Unterdessen führten neue Strömungen innerhalb der Philosophie zu neuen psychologischen Ansätzen.

Ansätze einer Psychologie

Im späten achtzehnten Jahrhundert schilderte der britische Irrenarzt William Pargeter den typischen Wahnsinnigen so:

> Stellen wir uns also einen Mitmenschen ohne Anleitung durch das herrschende Prinzip der Vernunft vor – die uns in erster Linie von den niederen Tieren um uns herum unterscheidet ... Vergegenwärtigen wir uns einen Menschen ohne jene edle Begabung, dann sehen wir, welch melancholischen Eindruck er macht.

Pargeter ging in seiner Beschreibung natürlich vom Idealzustand aus, vom Vorbild des *homo rationalis*, von dem der Irre sich entfernt hat. Platon hatte die rationale Seele verherrlicht, die Theologen des Mittelalters die Vernunft abwechselnd gelobt und geschmäht (sie sagten, der Gläubige benötige vor allem den Glauben); Marsilio Ficino, Pico della Mirandola und andere Autoren der italienischen Renaissance erkannten in der Vernunft die Vorherrschaft des Menschen über die Tiere innerhalb der »Großen Kette der Wesen« und rühmten damit gleichzeitig den rationalen, zivilisierten Mann vor den Frauen, Kindern und Bauern. Im siebzehnten Jahrhundert dann wurde der Verstand das zentrale Element aller philosophischen Modelle des Menschen.

Der einflußreichste Rationalist dieser Bewegung war René Descartes (1596–1650), der davon überzeugt war, daß einzig die Vernunft die Menschheit vor dem Versinken in Ignoranz, Verwirrung und Irrtum rettete. Descartes stammte aus der Normandie und wurde von Jesuiten erzogen, die ihn an Philosophie, Mathematik und

Physik heranführten. Am 10. November 1619 hat er sein Leben dem Streben nach Wahrheit gewidmet (er beschreibt diese quasi-mystische Erfahrung in seinem *Discours de la Méthode*, 1637; *Abhandlung über die Methode*) und beschlossen, jeglichem überlieferten Wissen systematisch mit Skepsis gegenüberzutreten, um die Philosophie auf der Basis evidenter Grundprinzipien neu zu begründen. Ausgehend von der einen unbezweifelbaren Tatsache, nämlich der seines eigenen Bewußtseins (*cogito ergo sum*: ich denke, also bin ich), versuchte er, derart klare und scharf umrissene Prinzipien zu etablieren, »daß der menschliche Geist ihre Wahrheit nicht bezweifeln kann«.

Descartes war, wie alle späteren »mechanistischen« Philosophen auch, entschlossen, den ptolemäisch-aristotelischen Kosmos aus »eingebildeten« Eigenschaften und »erfundenen« Elementen durch eine »neue Philosophie« zu ersetzen, die solide in der Realität verwurzelt war: eine Philosophie der Materie und ihrer bewegten Teilchen, die mathematischen Gesetzen gehorchen. Logisches Denken zwang zur Unterteilung der Schöpfung in zwei grundsätzlich verschiedene Kategorien: die Kategorie der Materie (die eine »Ausdehnung« hat) – einschließlich des Körpers – und die Kategorie des Geistes. Abgesehen von spirituellen Wesen wie Engeln besaß einzig der Mensch einen bewußten Geist. Das Verhalten von Tieren war als Materie in Bewegung vollständig erklärbar; sie waren hoch entwickelte Maschinen oder Automaten, ohne Willen, Gefühl oder Bewußtsein. Der *Anschein* solcher Eigenschaften in Tieren war auf Reflexe zurückzuführen. (Das Konzept des Reflexes nahm eine bedeutende Rolle in seiner grundlegenden Darstellung des Nervensystems ein.)

Descartes setzte den Geist mit der körperlosen Seele gleich: Sie war es, die dem Menschen das Bewußtsein, die sittliche Verantwortung und die Unsterblichkeit verlieh. Zwar konnte sie, da immateriell, weder erkannt noch im Raum (in der »Ausdehnung«) lokalisiert werden, doch vermutete er ihren Sitz in der Zirbeldrüse (Epiphyse), einer Zone im Zentralhirn. Nach Descartes' Tod propagierten von der Zirbeldrüsentheorie unbeeindruckte Ärzte verschiedene andere Teile des Gehirns als den wahren Sitz der Seele, darunter die *medulla oblongata* (Marcello Malpighi, Thomas Willis), die *corpora striata* (Raymond Vieussens) und den *corpus callosum* (Giovanni Maria Lancisi).

Obwohl Descartes Philosophie und Medizin radikal erneuerte, gelang es ihm nie, zur Zufriedenheit seiner Kritiker zu erklären, wie Geist und Körper tatsächlich interagierten. Seine Spekulation über den Sitz der Seele in der Zirbeldrüse schien das Problem nur zu vergrößern, und zwar sowohl auf physiologischer als auch auf metaphysischer Ebene. Er konnte den Geist nicht erklären und hat ihn statt dessen zu einem mysteriösen Gespenst in der (Körper-) Maschine gemacht. Dabei war seine Darstellung der Leidenschaften als Mittler zwischen Geist und Körper ganzheitlicher, als es sein Geist-Körper-Dualismus eigentlich zugelassen hätte. In vielen späteren Vermutungen über Wahnsinn wurde Geistesgestörtheit auf die Komplexität und Verworrenheit des Verhältnisses zwischen Geist und Gehirn bzw. zwischen Geist und Körper zurückgeführt. Satiriker wie Jonathan

Swift amüsierten sich mit abstrusen Spekulationen darüber, wie die Gedanken auf ihrer Reise durch die Drüse verdreht oder abgelenkt werden.

Dieser kartesianische Dualismus zwischen Körper und Geist war eine kühne Behauptung und hatte erhebliche Auswirkungen auf das Nachdenken über Wahnsinn. Denn die Voraussetzung, daß das Bewußtsein von Natur aus und definitionsgemäß rational sei, implizierte, daß Geisteskrankheit – genau wie eine körperliche Krankheit – vom Körper ausgehe oder eine Folge extrem instabiler Verbindungen im Gehirn sei. Folglich konnte der Wahnsinn nicht mehr auf teuflische Ursachen zurückgeführt oder als Bedrohung der Einheit und Errettung der unsterblichen Seele verteufelt werden. Stattdessen wurde er ein legitimes Ziel der philosophischen und medizinischen Forschung.

Obwohl selbst kein Materialist, ermutigte Descartes mit seinem Denken andere, die weiter gingen und keine Realitäten außer der Materie anerkannten. Orthodoxen Christen galt Thomas Hobbes (1588–1679) als gefährlichster dieser Materialisten, der, inspiriert von Galileo und Descartes, die schockierenden Implikationen einer mechanistischen Physiologie und materialistischen, reduktionistischen Psychologie ausführte.

Hobbes verstand das Universum als materielles Kontinuum, das völlig frei von jedem Geist und einem primär durch seine Macht definierten Gott unterworfen war. Wissen wurde ausschließlich durch Sinneswahrnehmung erworben, das Verhalten von den physikalischen Gesetzen der bewegten Materie – nach dem Prinzip der Selbsterhaltung – bestimmt. Emotion (Gemütsbewegung) war in Tat und Wahrheit Motion (Bewegung). Diese materialistische Lesart menschlichen Handelns als Ausdruck rein äußerlicher Sinneseindrücke erlaubte es Hobbes, religiöse Ansichten über Geister und Hexen als Halluzinationen abzutun, die von einem fiebrigen Gehirn erzeugt wurden. Weitergedacht bedeutete dies, daß auch Religion selbst eine Form der Sinnestäuschung war. Wahnsinn wurde demzufolge als falsches Denken verstanden, hervorgerufen durch einen Defekt in der Maschinerie des Körpers.

In seinem *Essay Concerning Humane Understanding* (1690; *Essay über den menschlichen Verstand*) äußerte auch John Locke Kritik an der platonischen oder kartesianischen Vorstellung von angeborenen Ideen oder einem reinen Verstand und lehrte, daß alle Ideen Sinneseindrücken entspringen (sehen, schmecken, fühlen, hören, riechen). Locke zufolge war der Geist ursprünglich wie ein unbeschriebenes Blatt (*tabula rasa*), das von Erfahrungen durchdrungen und geformt und von Ausbildung gefördert werde. Irrglaube (zu dem Locke »Hexen« und »Kobolde« zählte) sei das Produkt fehlerhafter Ideenassoziationen. Irrsinn sei daher weder teuflisch noch humoral, sondern im Kern wahnhaft, ein Fehler des Erkenntnisvermögens, nicht des Willens oder der Leidenschaft. »Verrückte fügen falsche Ideen aneinander und machen falsche Aussagen, doch sie denken und argumentieren völlig logisch«, erklärte Locke; »Schwachsinnige dagegen machen wenige oder keine Aussagen, und denken und argumentieren fast gar nicht.« In der Folge sollte das in der Aufklärung hochgeachtete Denken Lockes die Basis für eine neue, weltliche und psychologische Auffassung von Wahnsinn schaffen. Die faktische Gleichsetzung von Wahnvorstellungen und mangelhafter Bildung stimmte optimistisch: Die Verrückten konnten umdenken bzw. korrekt denken lernen.

Die Philosophen des siebzehnten Jahrhunderts brachten Wahnsinn also nicht mehr mit Dämonen, den Säften oder gar den Leidenschaften in Verbindung, sondern vorab mit Irrationalität; in ihren Modellen war das rationale Selbst der Garant für einen gesunden Geist. Ungeachtet dieser Vorrangstellung des Verstandes blieben geistige Gesundheit und geistige Krankheit rätselhaft. Paradoxerweise gab die von Descartes angestrebte Klärung der Beziehung zwischen Psyche und Soma nur neue Rätsel auf. William Heberden (1710–1801), ein bedeutender Arzt des achtzehnten Jahrhunderts, äußerte sich betont undogmatisch über die Anfangsgründe der mysteriösen und chamäleonhaften Zustände der Hysterie und verwies auf »unsere große Unkenntnis der Verbindungen und Sympathien zwischen Körper und Geist«. Die Versuche späterer Denker, dieses verrückte, unergründliche Dilemma aufzulösen, sind Thema von Kapitel 6 dieses Buches.

4 Narren und Narrheiten

Mit einem Verrückten zu streiten ist Wahnsinn.

George Man Burrows,
Commentaries on Insanity, 1828

Stigma

In allen Gesellschaften werden gewisse Menschen als verrückt bezeichnet. Ungeachtet einer möglichen, streng klinischen Rechtfertigung ist dies Teil der Maßnahmen zur Aussonderung andersartiger, abnormer und potentiell gefährlicher Mitbürger. Dem amerikanischen Soziologen Erving Goffman zufolge führt ein solches Stigma zur »Situation eines Individuums, das von vollständiger Akzeptanz durch die Gesellschaft ausgeschlossen ist«. Im Akt der Stigmatisierung – der Beschädigung einer Identität – wird das, was als minderwertig, abstoßend oder schändlich gilt, auf einzelne oder Gruppen projiziert. Auf diese Weise kommt das Eklige in die Ekelerregenden und die Angst in die Ängstlichen, zunächst indem der Unterschied herausgestellt, dann als minderwertig bezeichnet und schließlich indem das Opfer seines Andersseins bezichtigt wird.

Dieser Prozeß der Dämonisierung mag psychologisch und anthropologisch erklärbar sein als das tiefsitzende und vielleicht unbewußte Bedürfnis, die Welt zu ordnen und das Selbst vom anderen zu unterscheiden, so wie wir es von polarisierenden Unterscheidungen etwa zwischen Insidern und Outsidern, Schwarzen und Weißen, Einheimischen und Fremden, Homo- und Heterosexuellen, Reinen und Unreinen usw. kennen. Die Konstruktion solcher »die-und-wir«-Oppositionen stärkt unsere schwache Selbstidentität und unser schwaches Selbstwertgefühl, indem wir die Parias pathologisieren.

Wenn wir die Kranken aussondern, stärken wir die Illusion, selber heil zu sein. Die Krankheitsdiagnostik ist ein einflußreiches Klassifizierungswerkzeug, und die Medizin leistet einen beträchtlichen Beitrag zum Akt der Stigmatisierung. Unter den von dieser kognitiven Apartheid zu Sündenböcken und Verbannten Gestempelten fielen die »Geisteskranken« natürlich auf. Die Einteilung in Verrückte und Gesunde gab dem seit dem siebzehnten Jahrhundert zunehmenden Trend zur Anstaltseinweisung Auftrieb und Legitimation (siehe dazu Kapitel 5).

Schlaue Narren?

Nach der Volksmeinung war verrückt, wer verrückt aussah – eine Ansicht, die in der Folge durch Künstler und Schriftsteller untermauert werden sollte. In Witzen und auf der Bühne wurden Geisteskranke immer wieder als seltsam und ungepflegt dargestellt – als »wilde Männer« mit Stroh in den Haaren und abgewetzten, zerschlissenen, skurrilen Kleidern, manchmal auch mit kaum einem Faden am Leib. Weitere Stereotypisierungen hieben in dieselbe Kerbe. So wie der betrogene Ehemann durch seine Hörner gekennzeichnet wurde, so stellte man den Narren mit einem Stein in der Stirn dar – dem »Narrenstein«; die Behinderung war diesen Menschen ins Gesicht geschrieben.

Hofnarren und Spaßvögel verrieten ihre Spinnerei durch ihre Kappen und Glöckchen, Schweinsblasen und Feuerräder, Narrenkostüme und Steckenpferde. Ehemalige Patienten des Bethlem Hospital waren ähnlich aufgemacht und zogen mit einer Bettelerlaubnis über die Landstraßen. Ihre Zahl wurde durch opportunistische, gesunde Bettler noch erhöht, die, wie Edgar in *König Lear*, als »Bedlamiten« auftraten. Sie sangen für eine Mahlzeit, und ihre Lieder wurden sogar als »Bedlam Balladen« gedruckt:

Ich belle zu dem Hundestern
Ich kräh' herbei den Morgen,
Ich jag' den Mond zur Mittagszeit
Und schleife seine Sichel ...

Wo es um Wahnsinn ging, wurden die Realität und ihre Erscheinungsformen immer wieder gegeneinander ausgespielt. Was für eine verrückte Welt mußte dies sein, in der die Armen für ein Stück Brot verrückt spielen mußten!

Gewisse Stereotypen übten große und anhaltende Faszination aus. Neben den Formen, die wir in Kapitel 2 gesehen haben (zum Beispiel den hochmütigen Helden, den die Götter strafen, indem sie ihm den Verstand rauben), führten griechische Denker die Idee des göttlichen Wahnsinns ein, der den Künstler »begeistert« (im Wortsinn »mit Geistern erfüllt«) oder mit einem göttlichen »Feuer« berührt. Besonders in *Phaidros* spricht Platon vom »göttlichen Furor« des Poeten, und Aristoteles zugeschriebene Werke zeichnen das Bild des melancholischen Genies, dessen einsame Unzufriedenheit seine Phantasie beflügelt und Werke von großer Originalität hervorbringt.

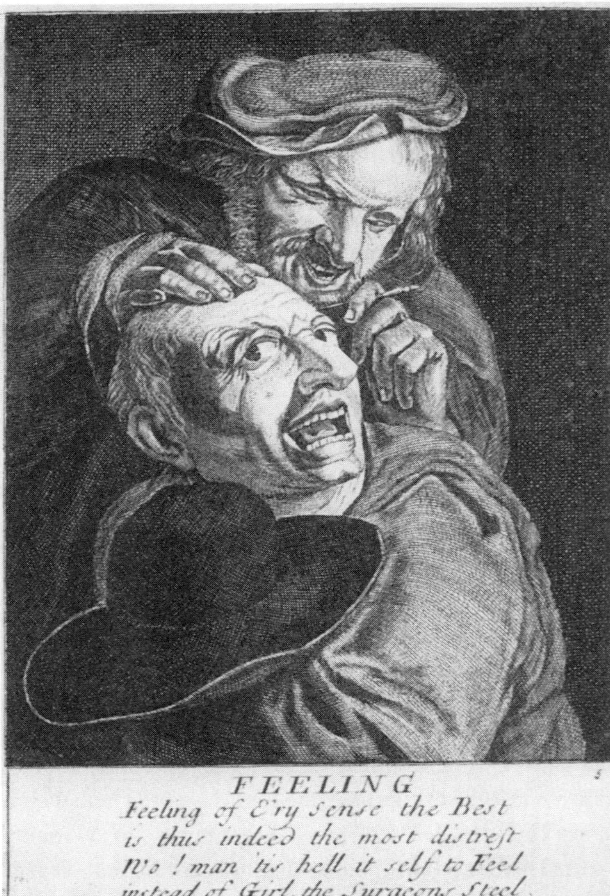

8 »Der Narrenstein« von Teniers, Stich aus dem siebzehnten Jahrhundert. Ein umherziehender Chirurg operiert einen Stein aus dem verzerrten Gesicht eines Patienten; diese Operation war das Symbol für die Entfernung der »Narrheit« (Wahnsinn).

9 John Donaldson, ein armer Schwachkopf, der im achtzehnten Jahrhundert vor Trauerzügen in Edinburgh herzugehen pflegte.

Diese Vorbilder wurden in der Renaissance von Ficino und anderen Humanisten aufgegriffen; einen Dichter »wahnsinnig« zu nennen, war gemäß den Konventionen der Zeit ein Kompliment. Michael Drayton pries den Dramatiker Christopher Marlowe mit den Worten:

> Denn des edlen Wahnsinns war er ewig voll
> Der jedes Dichters Hirn erfüllen soll.
> (Michael Drayton an Henry Reynolds, *Of Poets and Poesy*)

In seinem Stück *A Midsummer Night's Dream* (*Ein Sommernachtstraum*) sagt Shakespeare von den »Wahnwitzigen, Poeten und Verliebten«, sie »bestehn aus Einbildung«. Den Akt der Schöpfung beschrieb er so:

> Des Dichters Aug', in schönem Wahnsinn rollend,
> Blitzt auf zum Himmel, blitzt zur Erd' hinab,
> Und wie die schwangre Phantasie Gebilde
> Von unbekannten Dingen ausgebiert,
> Gestaltet sie des Dichters Kiel, benennt
> Das luft'ge Nichts und gibt ihm festen Wohnsitz.

Ähnliches dichtete später auch John Dryden in der Epoche der Restauration:

> Große Geister sind dem Wahnsinn wahrlich eng verwandt
> Und schmale Grenzen scheiden jedes eignen Land.

Bei einem Besuch der spöttisch als »Akademie von Bedlam« bezeichneten Anstalt fand Chronist John Evelyn einen Insassen, der »wie verrückt Verse machte«. Es war ein Standardwitz: Schriftsteller waren angeblich wahnsinnig, und die Wahnsinnigen litten unter *cacoethes scribendi*, der Schreibwut.

In der Renaissance traute man Künstlern zu, in Träumen und Tagträumen Visionen zu haben, Schwermut und Trübsinn beflügelten angeblich die Phantasie des Dichters, und besonders auf der Bühne drückten sich melancholische Misanthropen herum, ganz in schwarz gekleidet, unzufrieden, voller Verachtung, gefährlich, aber auch blitzgescheit und messerscharf. Sowohl Hamlet auf dem Friedhof als auch Jacques in *As You Like It* (*Wie es euch gefällt*) genießen die bittere Süße des kontemplativen Kummers. (Jacques etwa gefällt es, »Melancholie aus einem Liede« zu saugen.) Dieselbe Idee finden wir in Thomas Grays *Elegy on a Country Churchyard* (*Elegie auf einem Dorfkirchhof*) aus dem achtzehnten Jahrhundert. Angesichts der Sterblichkeit des Menschen, des Schicksalsrades und der schlechten Zeiten, wie ist den Irrungen und Wirrungen des Lebens anders zu begegnen als mit einer entrückten Traurigkeit? Dies jedenfalls ist der Ton in Robert Burtons obsessiver *Anatomy of Melancholy*:

> Ich hänge den Gedanken nach
> und träume ohne Ungemach
> von Schlössern, die in Luft gebaut,
> ganz sorgenfrei, kein Angstbild graut,
> nur rosarote Phantasien
> im Fluß der Zeit vorüberziehn.
> Anderes Glück vergällt mir die
> süßeste Lust: Melancholie.

Für Burton war das Leben in dieser erbärmlichen, gemeinen Welt, umgeben von Despoten, Tyrannen, Geizhälsen, Dieben, Verleumdern, Ehebrechern und ganzen Nestern von Schurken und Narren, Anlaß zur Melancholie. So erklärt sich auch sein Pseudonym »Democritus junior«, nach dem griechischen Philosophen, der sich vom

Leben zurückzog, weil er die Menschheit abwechselnd lächerlich und bemitleidenswert fand. Das Leben war ihm eine schwarze Komödie.

Ein bei den Humanisten beliebtes Paradox war der Gedanke, daß der Narr oder Einfaltspinsel der einzige Realist in einer verrückten Welt sei. Die »Torheit« genannte Heldin in Erasmus von Rotterdams *Encomion moriae* (1510; *Lob der Torheit*) faselt ahnungslos Weisheiten, während der Narr in *King Lear* und Feste in *Twelfth Night* (*Was ihr wollt*) die Logik mit unsinnigen Liedchen überlisten, Liedchen, die dunkle, der vernünftigen Sprache verschlossene Wahrheiten enthalten. In Frankreich stellte Michel de Montaigne im sechzehnten Jahrhundert die skeptische Frage »was weiß ich?« und fand, die ganze Welt sei verrückt geworden. Zumindest deutete er an, daß die Menschen seit dem Sündenfall Gefahr liefen, mit ihrem Verstand Schiffbruch zu erleiden oder von den Leidenschaften vergiftet zu werden.

An Bord dieses Narrenschiffs, in dieser verkehrten Welt waren die Gelehrten verrückt, und es war (in Grays Worten) Wahnsinn, weise zu sein, denn »die große Kunst macht dich rasend«, wie es in der Apostelgeschichte heißt. Wie es dazu kam, daß Don Quijote begann, Windmühlen zu attackieren, erklärt Cervantes so:

> Man muß nun wissen, daß dieser obbesagte Junker alle Stunden, wo er müßig war – und es waren dies die meisten des Jahres –, sich dem Lesen von Ritterbüchern hingab, mit so viel Neigung und Vergnügen, daß er fast ganz und gar die Übung der Jagd und selbst die Verwaltung seines Vermögens vergaß.

Hätte er doch Burtons Ratschlag befolgt: Sei nicht einsam, sei nicht müßig.

In der frühen Neuzeit trat der Wahnsinn also in vielerlei Verkleidungen auf und verwirrte durch immer neue Rollen: Er war moralisch oder medizinisch, negativ oder positiv, religiös oder weltlich. Denn der Mensch war »amphibisch«, ein Teil Engel, ein Teil Bestie, und folglich ein zerrissenes Wesen. Gefallen war er sowieso: Kein Wunder, daß der Wahnsinn Anmaßung und Ambition der Menschen verhöhnte.

Die Rätsel und Widersprüche dieser verzwickten Doppelrolle von *homo sapiens* und verrücktem Spinner (*»semel insanivimus omnes«*, sagt Burton: Wir sind alle verrückt) verkörperte das Bethlem Hospital am Stadtrand von London, das einerseits die medizinische Grundversorgung sicherstellte, andererseits aber auch zum Symbol wurde: »Bedlam.« Weil sein »College« Besuchern offenstand, traten Gesunde und Verrückte einander von Angesicht zu Angesicht gegenüber; wer wollte den Unterschied erkennen? In den Augen seiner vielen Kritiker war es ein Skandal, daß Bethlem zuließ, zu den »Sehenswürdigkeiten Londons« gezählt zu werden, genau wie die Menagerie im Tower. Das Zurschaustellen des »Anderen« in einer Art Monstrositätenschau oder Menschenzoo verführte zu einem schamlosen Voyeurismus, der in zahllosen Karikaturen aufs Korn genommen wurde. So besonders in der Schlußszene von Hogarths *The Rake's Progress* (*Lebenslauf eines Wüstlings*), in der zwei herausgeputzte Damen (oder sind es Kurtisanen?) vor der Zelle des verrückten Monarchen verweilen: Wer war hier wirklich verrückt?

10 Das Hospital of Bethlem (Bedlam) bei Moorfields.
Dieses ist das zweite Gebäude des Bethlem Hospital, erbaut 1675/76 bei Moorfields, nördlich der City von London. Der Entwurf stammt vom Naturphilosophen Robert Hooke. Das protzige und palastähnliche Äußere gab zu vielen satirischen Kommentaren Anlaß.

Offiziell sollten die Geisteskranken im Bethlem einen erbaulichen Anblick bieten, der Öffentlichkeit zur Anschauung über die gerechte Strafe für Leidenschaft, Laster und Sünde. In einer Zeitschrift wurde 1753 die Ansicht vertreten, es gebe »auf dem ganzen Globus keine bessere Lektion zu lernen als in dieser Schule des Elends. Hier können wir die mächtigen Denker der Erde sehen, niedriger noch als die Insekten, die über sie krabbeln; und von diesem demütigenden Anblick können wir lernen, unseren Stolz zu mäßigen.« Wie, wenn nicht durch Selbstbeherrschung, ließ sich der Sturz in die Geistesverwirrung vermeiden? Teilweise war es tatsächlich schwer, Besucher und Patienten auseinanderzuhalten, wie Kritiker gerne bemerkten, und die verrückten Insassen konnten mit einigem Recht als freier und glücklicher (und somit vernünftiger) bezeichnet werden als jene draußen. In einem Bericht über einen angeblichen Besuch zeichnet ein Journalist dieses Bild eines »Bedlamiten«:

> ... wetterte aufgebracht gegen die Königliche Regierung. Für diesen Verrat verdiene er, aufgehängt zu werden, sagte ich. »Nun«, sagte er, »Sie sind ein Narr, denn wir Verrückte haben ebensoviel Recht, unsere Meinung zu sagen ... Man kann sagen, was man will, und niemand wird einen deswegen zur Rede stellen. Die Wahrheit wird überall verfolgt, und sie rettet sich zum Schutz hierher, wo sie sicher ist wie ein Spitzbube in einer Kirche oder eine Hure im Kloster. Ich kann sie aussprechen, wie es mir gefällt, und das ist mehr, als Sie sich trauen.«

Die typische Bedlamszene wird in der Bilderfolge *The Rake's Progress* aufs Korn genommen: In den ersten Szenen säuft, spielt, hurt und heiratet sich Hogarths Held Tom Rakewell durch zwei Vermögen. Am Ende liegt er, wahnsinnig geworden und abgeschoben, in Bethlem, nackt, verroht, umgeben von seinen irren Genossen, einem verrückten Liebhaber (»Liebeskrankheit« wurde lange Zeit zu den Geisteskrankheiten gezählt), einem verrückten Bischof, einem verrückten König (ein *Prätendent*?), der mit eingebildetem Reichsapfel und Szepter auf einem Nachttopf als Thron sitzt, einem papistischen Fanatiker, einem

11 In der Mitte dieses Drucks aus Hogarths Bilderfolge »The Rake's Progress« sehen wir Tom Rakewell, nachdem er ein Vermögen verspielt hat. Er hat seinen Stuhl umgeworfen und kniet auf dem Boden, ohne Perücke und der Verzweiflung nah; ein Hund bellt ihn an. Das ausbrechende Feuer in der Täfelung kündet vom nahenden Wahnsinn. (Nach 1735)

verrückten Schneider und einem wahnsinnigen Astronomen, der durch ein »Teleskop« aus aufgerolltem Papier zu den Dachsparren hochblickt.

Sahen so die »Bedlamiten« aus? *Sie* darzustellen war bestimmt nicht Hogarths Absicht. Seine Parabel handelte von den *Briten*. An einer Wand entdecken wir einen

12 Tafel VIII aus der Bilderreihe »The Rake's Progress« von William Hogarth, 1735. Der nunmehr wahnsinnig gewordene Tom Rakewell sitzt auf dem Boden der Galerie in Londons Bethlem Hospital und greift sich in der klassischen Pose des Wahnsinnigen an den Kopf. Seine treue Bewunderin Sarah Young kniet weinend daneben. Umgeben von anderen Irren legen zwei Aufseher Ketten an seine Beine.

wahnsinnigen Künstler (Hogarth selbst?), der eine Münze des Königreichs mit der Randinschrift »Britannia 1763« entwirft. Hogarth gibt vor, Bethlem darzustellen, während es ihm in seinem Stich in Wahrheit um Großbritannien geht. Er macht sich nicht über die Irren lustig, um die Gesunden zu verschonen, sondern hält dem Betrachter einen Spiegel vor: Die wahren Narren sind wir. In den moralisierenden Worten des Baptisten Thomas Tyron: »Die Welt ist ein einziges großes *Bedlam*, wo die Verrückten von noch Verrückteren eingesperrt werden.«

Die Witze über wahnsinnige Könige hatten bald einen wahren Anlaß: Der geistige Verfall Georgs III. im Jahr 1788 war Satirikern und Zeichnern wie James Gillray ein gefundenes Fressen, um den Irrsinn der Macht darzustellen. Der Politiker Edmund Burke war so besessen, daß er als kaum mehr zurechnungsfähig galt – »der eloquenteste Spinner, den ich kenne«, spottete Edward Gibbon. Nicht anders Burkes Kollege, der Whig-Politiker Charles James Fox: Sein ungepflegtes Aussehen, seine impulsiven politischen Richtungswechsel und seine leidenschaftliche Begeisterung für die Französische Revolution lud Karikaturisten geradezu ein, ihn als von allen guten Geistern Verlassenen darzustellen. Auf einem Stich trägt er eine Krone aus Stroh und hält ein improvisiertes Szepter; zu einem ahnungslosen Besucher sagt er mit pathetischer Grandeur: »Siehst du nicht, Freund Sam, daß ich auf der Höhe aller meiner Ambitionen bin?«

Narrheit, entmystifiziert

Nach und nach wurde das obsolet gewordene Bild vom »schlauen Narren« mit seinen rätselhaften Weisheiten und Narrenfreiheiten überlagert und ersetzt; der medizinische Ansatz im Umgang mit Verrückten, die Tendenz zu deren Verwahrung sowie die Empfindsamkeiten der

Aufklärung veränderten das Bild. Besonders deutlich wird das Aufkommen eines neuen Denkens in der folgenden Skizze des von Isaac Newton geprägten Arztes Nicholas Robinson aus dem frühen achtzehnten Jahrhundert:

> Es ist nicht lange her, daß ein sehr gebildeter und geschickter Gentleman, der von seinem Verstand so weit entfernt war, daß er glaubte, sein Körper sei ein Steckenpferd, es nicht anders zuließ, als daß ein Freund, der ihn besuchte, auf seinen Rücken stieg und ritt. Ich gestehe, daß all meine Philosophie, derer ich mich rühme, es nicht vermochte, ihn von dieser Einbildung abzubringen; erst mit der reichlichen Gabe von Medikamenten gelang es mir, die überspannten Nerven zu ihrer gewohnten Funktion zurückzuführen und ihn seiner Einbildung einsichtig zu machen.

Steckenpferde waren natürlich völlig passé, die implizierte sexuelle Freiheit inakzeptabel. Für jemanden wie Robinson war Wahnsinn nicht mehr entlarvend, bedeutungsvoll oder erheiternd, sondern bedurfte schlicht und einfach einer starken Reinigung.

Die von Erasmus beabsichtigte ironische Doppeldeutigkeit (»Torheit« als Lehrerin) war unhaltbar geworden, als die Wissenschaften den Wahnsinn auf die Ebene der Pathologie führten und die aufkommenden Irrenanstalten den verrückten Dichter oder Künstler dem Risiko aussetzten, zum Besten der Gesellschaft (oder seiner selbst) hinter Schloß und Riegel gebracht zu werden. Nachdem James Carkesse, ein Beamter des Navy Office unter der Leitung des Chronisten Samuel Pepys, als Folge einer Amtsintrige seine Stelle verloren hatte, verwirrte sich sein Geist zunehmend, und er wurde zunächst in ein privates Irrenhaus und später ins Bethlem Hospital unter der Führung von Dr. Allen verbracht. Dort verfaßte er eine Sammlung von Gedichten, die 1679 unter dem Titel *Lucida Intervalla* veröffentlicht wurden. Diese spielten mit dem Bild des verrückten Dichters und, in der Tradition von Erasmus' »Lob der Torheit«, mit dem Privileg der Narrenfreiheit, das die Geißelung einer verrückten Welt erlaubte. Gleichzeitig versuchte Carkesse, seine Identität als verrückter Dichter zu widerlegen. Diese Ambivalenz äußert sich in widersprüchlichen Titeln: Ein Gedicht ist mit »Poets are Mad« (Dichter sind verrückt) überschrieben, ein anderes mit »Poets no Lunatick« (Dichter kein Wahnsinniger); die Gedichtsammlung selbst trägt ja den Titel »Lichte Intervalle«.

Die Ärzte seien die wahren Verrückten, erklärte Carkesse, und die »Bedlamiten« bei Sinnen. Oder zumindest wären sie es, wenn man sie nicht solchen Behandlungen aussetzte:

> Says He, who more wit than the Doctor had
> Oppression will make a wise man Mad;
> (Spricht der, der weiser als der Doktor ist
> Bedrängnis macht den weisen Mann verrückt;)

(Der Vers bezieht sich auf König Salomo im Alten Testament.) Carkesse bestand auf seiner geistigen Gesundheit; was bei ihm als Wahnsinn angesehen werde, sei dichterische Inspiration:

> The truth on't is, my Brain's well fixt condition
> Apollo better knows, than his Physitian:
> Tis Quacks disease, not mine, my poetry
> By the blind Moon-Calf, took for Lunacy.

(Die Wahrheit ist, der wohlbestellte Zustand meines Hirns
Ist Apollo besser bekannt als diesem Arzt:
Der Quacksalber ist krank, nicht ich, meine Dichtkunst
Beim blinden Mondkalb, verwechselt mit Wahnsinn.)

Doch Dr. Allen (von Carkesse »Mad-quack«, also doppeldeutig »irrer Quacksalber« und »Irren-Quacksalber« genannt) sagte ihm, er könne nicht entlassen werden, bis er aufgehört habe, Verse zu schmieden. Für Carkesse bewies dies nichts anderes als die Narrheit des »Mad-quack«. Denn die Dichtkunst sei weder Ursache noch Symptom des Wahnsinns, sondern therapeutisch; warum sonst wäre Apollo der Gott der Dichtkunst und der Heilung?

Wahnsinn blieb auch im frühen achtzehnten Jahrhundert eine beliebte Metapher. Jonathan Swift, Alexander Pope und andere Dichter und Kritiker des Klassizismus verdammten die Ergüsse von Grub-Street-Schreiberlingen[1] und Dummköpfen als gestört; es sei nichts Göttliches in ihnen, weil sie nicht ein Geschenk von oben, sondern eine »Inspiration« aus dem Bauch heraus waren. Ihr vielgepriesener »afflatus« (Inspiration) war nichts als Flatulenz und rührte von kranken Gedärmen oder »einer krankhaften Absonderung des Gehirns« her, wie Pope es nannte. »The corruption of the senses is the creation of the spirit« (»Die Verwirrung der Sinne ist das Werk des Geistes«), notierte Swift in einem düsteren

[1] Grub Street: früherer Name der Milton Street in London, wo viele mediokre und verarmte Schriftsteller lebten; der »Inbegriff aller literarischen Hohlheit und Gewinnsucht« (nach Kindlers Neuem Literaturlexikon, Hauptwerke der englischen Literatur). (Anm. d. Ü.)

Aphorismus. Es waren also nur die falschen und verachtenswerten Verseschmiede, die gestört waren; die wahre Dichtkunst dagegen entsprang einem gesunden Verstand. Dekan Swift rühmte sich selbst, den Trübsinn nur dem Namen nach zu kennen.

Die Ästhetik der Zeit sah im großen Schriftsteller nicht mehr den Visionär, sondern den erstrangigen Handwerker, während der wahnsinnige Dichter sein Ansehen als Wortkünstler verlor. Alexander Pope parodierte das aristotelische Bild der poetischen Melancholie in seinem Spottepos *The Dunciad* (1728; *Die Dummkopfiade*), wo Grub Street-Kleckser durch ihre Trübsinnshöhle schleichen, infiziert vom *cacoethes scribendi* und besessen von der »Macht des Lärms«. Swifts unzuverlässige Antihelden, die Ich-Erzähler in *Gulliver's Travels* (1726; *Gullivers Reisen*) und *A Tale of a Tub* (1699; *Märchen von einer Tonne*), waren geschwätzige, selbstverliebte Schaumschläger mit einem zwanghaften und solipsistischen Hang zur Abschweifung, bar jeder Selbstkritik. Im *Märchen von einer Tonne* äußert der Erzähler die verrückte Hoffnung, eines Tages in der Lage zu sein, »über nichts zu schreiben«. In seinen Satiren beschrieb Swift, wie der Wahnsinn von Dissentern und Freigeistern, Wissenschaftlern und Projektemachern Besitz ergriff, und sein berüchtigtes *Modest Proposal* (1729; *Ein bescheidener Vorschlag*), das Irlands ökonomische und demographische Probleme mit der Zubereitung von Babys zum Abendessen auf einen Schlag lösen wollte, hätte von einem Spinner Lockescher Prägung stammen können, der, ausgehend von falschen Voraussetzungen, richtig argumentierte.

Als ob sie den Wink verstanden hätten, unterließen es die Dichter der Aufklärung, das Mäntelchen des Wahnsinns zu tragen. Genie galt natürlich viel, doch fand man es in der Ausgewogenheit und im gesunden Menschenverstand. So wurde die Originalität zwar gepriesen – etwa von William Sharpe in *A Dissertation upon Genius* (1755; »Dissertation über das Genie«) oder von Edward Young in *Conjectures on Original Composition* (1759; »Vermutungen über die ursprüngliche Schöpferkraft«) –, doch verstand man Kreativität als Frucht einer gesunden Psyche, analog zum Wachstum und der Blüte von Pflanzen.

Die Dichter der Romantik wiederum verehrten die Einbildungskraft als nobelste Eigenschaft des Menschen. William Blake verwarf Lockes empirisches Modell des Geistes als kraß mechanistisch und verkündete, die Kunst sei der Baum des Lebens. Der visionäre Kupferstecher und Dichter schwelgte in der Idee des wahnsinnigen Künstlers. Er beschrieb einen Traum, in dem der Dichter William Cowper »zu mir kam und sagte: ›Oh wär' ich doch ewig wahnsinnig. Ich werde nie ruhen. Könnt Ihr mich nicht wahrhaft wahnsinnig machen? ... Ihr seid gesund und doch so wahnsinnig wie jeder von uns – mehr als wir – wahnsinnig wie ein Flüchtling vor dem Unglauben – vor Bacon, Newton und Locke.‹« Doch Blake war die Ausnahme. Die Romantiker sahen im Dichter den höchsten Gesetzgeber der Menschlichkeit, der nicht psychologisch auffällig, sondern gesund war. Charles Lamb schrieb denn auch einen Essay mit dem Titel *The Sanity of True Genius* (1833; »Die Vernunft wahren Genies«).

Dieses romantische Ideal des heroischen, gesunden Genies wurde im Zuge der Diskussion um das Thema der Degeneration im Fin de siècle kühn oder auch leichtfertig aufgegeben. Die Avantgarde – besonders im Paris von Flaubert, Baudelaire, Verlaine und Rimbaud – assoziierte Geistesgestörtheit mit verschiedenen anderen Krankheiten (Syphilis, Tuberkulose) und Lastern (Alkohol- und Drogenmißbrauch) und vertrat die Ansicht, daß wahre Kunst – im Gegensatz zu dem von der Bourgeoisie bevorzugten guten Geschmack – dem Morbiden, Pathologischen entsprang: Krankheit und Leiden beflügelten und befreiten den Geist, manchmal unter Zuhilfenahme von Haschisch, Opium und Absinth, und geniale Kunstwerke wurden auf dem Amboß des Schmerzes geschmiedet.

Der italienische Psychiater Cesare Lombroso dagegen vertrat den Standpunkt, daß Künstler und Schriftsteller gestört waren und wohl behandelt werden müßten. Ähnlich argumentierte J. F. Nisbet in *The Insanity of Genius* (1900; »Die Unvernunft des Genies«), wo er zweifelhaftes Lob ausschüttete über »Schriftsteller, die dem Wahnsinn verfallen oder zuneigen – Swift, Johnson, Cowper, Southey, Shelley, Byron, Campbell, Goldsmith, Charles Lamb, Walter Savage Landor, Rousseau, Chatterton, Pascal, Chateaubriand, George Sand, Tasso, Alfieri, Edgar Allen Poe«.

Auf seine eigene Art perpetuierte auch Freud diese für das Fin de siècle typische Stigmatisierung von Kunst, die er als Folge von Neurosen erkannte, was wiederum Virginia Woolf ängstigte: Sollte die Psychoanalyse tatsächlich wirken, so läutete sie die Totenglocke jedes Schriftstellers.

Der amerikanische Dichter Ezra Pound beschuldigte später die Öffentlichkeit:

> Es ist schon lange Ihre Gewohnheit, gute Autoren loszuwerden,
> Sie treiben sie in den Wahnsinn, oder schauen über ihre Selbstmorde hinweg,
> Oder Sie dulden ihre Drogen und sprechen von Wahnsinn und Genie.
> Doch ich werde nicht wahnsinnig werden, um Ihnen zu gefallen.

Der Niedergang (manchmal gefolgt von Selbstmord) kreativer Menschen wie Antonin Artaud, Nijinsky, Woolf, Sylvia Plath oder Anne Sexton heizte die Genie/Wahnsinn-Debatte weiter an. »Als Erfahrung«, erklärte Woolf, »ist der Wahnsinn sagenhaft, wirklich, und nicht zu verachten; und in seiner Lava finde ich noch immer das meiste von dem, was ich schreibe. Es schießt formvollendet aus einem heraus, nicht nur tröpfchenweise, wie bei gesundem Verstand.« Und auch heute noch zeigen Schriften wie Kay Redfield Jamisons *Touched with Fire: Manic-Depressive Illness and the Artistic Temperament* (1998; *Meine ruhelose Seele: Die Geschichte einer manischen Depression*) oder die Bücher von Oliver Sacks, wie kontrovers das Thema »kreative Krankheit« noch immer ist.

Nerven

Auch das kulturelle Stereotyp des Melancholikers hat viele Stadien durchlaufen. Dank Werken wie Richard Blackmores *Treatise of the Spleen and Vapours* (1725;

»Abhandlung über die Raserei und Melancholie«) und George Cheynes *The English Malady* (1733; »Die englische Krankheit«) wurde der nervöse, narzißtische Kranke eine beliebte, wenn auch absurde Figur der Aufklärung. Der Schotte Cheyne identifizierte die »englische Krankheit« (eine Form der Depression) als Störung der Elite in einer entwickelten, wohlhabenden und wettbewerbsorientierten Nation. Das Streben nach Reichtum, Neuheiten und Eleganz sowie der Genuß des »guten Lebens« – übermäßiges Essen und Trinken – forderten einen schweren Tribut.

Zweifellos hatte er sein eigenes Beispiel vor Augen (zügelloses Fressen hatte ihn zeitweilig auf über 200 Kilogramm Körpergewicht anschwellen lassen), als er notierte, »große Geister« seien »in der Regel auch große Feinschmecker, oder wenigstens Männer mit Geschmack«. Wenn Anregungen aus Küche und Keller notwendig waren, um zu glänzen, verwundert es nicht, wenn die Nerven darunter litten.

Cheyne zufolge hatten Krankheiten einen furchtbaren Einfluß auf die Empfindungen jener zarten Geister, die mit erlesenen Gefühlen und hyperaktiven Gehirnen gesegnet – oder geschlagen – waren. Die Überspannten gerieten in einen verwirrenden Strudel des Niedergangs. Auf der Flucht vor »Kummer und Sorgen« suchten sie Zerstreuung in Ausschweifungen – »Zusammenkünften, Musiksalons, Theater, Karten- und Würfelspiel« –, die ihre Gesundheit gefährdeten. Die Ironie (oder kosmische Gerechtigkeit) lag darin, daß vornehmlich die Oberschicht, die soziale und literarische Elite, darunter litt: War die Melancholie einst »des Höflings Wappen«, so

13 Ein deprimierter Wissenschaftler, umgeben von mythologischen Figuren, als Symbol für das melancholische Temperament. Das Hauptbild zeigt einen Gelehrten mit einem Messer hinter dem Rücken und einer Göttin mit einem Apfel (vom Baum der Erkenntnis) vor sich. Unten links sitzt Minerva, die Göttin der Weisheit, oben in der Mitte eines ihrer Attribute, die Eule. Der Preis des Wissens ist die Melancholie.

blieb von der englischen Krankheit nur der primitive Landmann verschont.

In seiner *Treatise of the Hypochondriack and Hysterick Diseases* (1711; »Abhandlung über hypochondrische und hysterische Leiden«) untersuchte der niederländische Arzt und Satiriker Bernard Mandeville die modische Melancholie, mit der die Elite gerne kokettierte, in der Form eines erfundenen Dialogs zwischen einem Arzt und einem herrschaftlichen Patienten, in dem dieser berichtete, wie ihn das Lesen über Krankheiten zum Hypochonder gemacht habe.

1790 erklärte der beliebte Arzt James Makittrick Adair in Bath:

> Vor über dreißig Jahren hat mein gelehrter und genialer Vorgänger Dr. WHYTT, Professor der Medizin in Edinburgh, eine Abhandlung über Nervenleiden veröffentlicht. Vor der Veröffentlichung dieses Werks hatten modebewußte Menschen keine Ahnung, daß sie Nerven haben; doch ein mir bekannter modebewußter Apotheker, der das Buch überflogen und sich oft gefragt hatte, was denn Natur und Ursache von dem sei, worüber seine Kunden sich beklagten, fand darin einen Hinweis, mit dem er mühelos den gordischen Knoten zerschnitt – *»Madame, Sie sind nervös!«* Die Lösung war ganz zufriedenstellend, der Ausdruck kam in Mode, und Raserei, Melancholie und Hypochondrie waren vergessen.

Ab dem achtzehnten Jahrhundert entwickelte die feine Gesellschaft einen reichhaltigen Soziolekt aus derartigen »nervösen« Zuständen; Melancholie, Raserei und Hysterie verstand man nicht mehr als uteriner, sondern als nervöser Natur. Es war erlaubt, sich überempfindlich zu zeigen, da solche Beschwerden als Zeichen sozialer Überlegenheit galten, waren sie doch den wirklich vornehmen Gemütern vorbehalten. Betroffene wie James Boswell trösteten sich mit dem Wissen, daß gerade ihre Qualen ihre Überlegenheit bewiesen (so Boswell in einer Zeitungskolumne, die er unter dem Pseudonym »The Hypochondriack« veröffentlichte). Sein Freund und Mentor Samuel Johnson, selbst anfällig für den »schwarzen Hund« (Depression), war besorgt über die »gefährliche Vorherrschaft der Einbildungskraft« und nannte ihn einen dummen Esel, daß er sich mit solchem Unsinn abgebe. Es sollte nicht lange dauern, bis Georg III. insistierte, er sei »nicht verrückt, nur nervös«.

Die modische Melancholie hatte eine glänzende Zukunft in verschiedenen Inkarnationen vor sich. Zu beiden Seiten des Atlantiks wälzten sich oder versanken hervorragende Viktorianer in Hypochondrie (vorwiegend Männer) und Hysterie (primär die Damen). Im *Fin de siècle* galt es als chic, »neurasthenisch« zu sein, so wie man bis vor kurzem in den gehobenen Kreisen Manhattans sein Gesicht verlor, wenn man nicht in einer »endlosen Analyse« bei einem angesagten Psychiater in Behandlung war. Sowohl in Europa wie in Amerika kamen private Nervenkliniken und Bäder auf, in denen sich reiche Patienten von Zusammenbrüchen erholten, genau wie die Tuberkulosekranken in den Sanatorien in den Alpen.

Die Glorifizierung des trübsinnigen Genies war eine traditionell männliche Domäne, bekannt etwa aus John Miltons *Il Penseroso* (1632; *Der Meditierende*) und Matthew Greens *The Spleen* (1737). Vielleicht als ironische Folge oder als Gegenreaktion auf die weibliche Emanzipation seit der Mitte des neunzehnten Jahrhunderts waren die kulturellen Stereotypen der Geistestörungen zunehmend weiblich dominiert – und Frauen waren auch überdurchschnittlich oft die Subjekte psychiatrischer Behandlung, sowohl innerhalb wie außerhalb der Pflegeeinrichtungen. Mary Wollstonecrafts (1759–1797) autobiographische Romane entwarfen das Schauerbild der verrückten oder schikanierten Heldin. Sentimentale Bücher machten die Figur der Ophelia populär, der jungen, von der Liebe enttäuschten Frau, die auf einen hysterischen Zusammenbruch und einen frühen, köstlichen Tod zusteuert, wogegen die Figur der Bertha Mason (die erste Mrs. Rochester in Charlotte Brontës *Jane Eyre*; 1847) die weibliche Wahnsinnige berühmt machte. Depressive, hysterische, suizidale und selbstzerstörerische Verhaltensweisen wurden seit viktorianischer Zeit in psychiatrischen Schriften, in der öffentlichen Meinung und selbst unter Frauen eng mit Stereotypen der Weiblichkeit assoziiert. Freud selbst stellte die klassische Frage »Was will das Weib?« und stellte die Diagnose: »Penisneid.« Die zu Freuds Zeiten klassische Hysterie mag verschwunden sein, doch sie hat sich vielleicht nur in andere primär weibliche Beschwerden verwandelt, insbesondere Anorexia nervosa (Magersucht), Somatisierungssyndrom und Bulimie.

Auch die Figur der Torheit mag inzwischen verschwunden sein, doch das ursprüngliche Rätsel, die Frage aus Freuds *Das Unbehagen in der Kultur* (1930), ist geblieben: Ist die Welt verrückt, ist die Zivilisation selbst psychopathogen? Und wenn die zivilisierte Gesellschaft derart gestört ist, welches Recht hat sie dann, über Geisteskranke zu urteilen? Über seine Einweisung ins Bethlem sagte Nathaniel Lee, der Dramatiker der Restauration, angeblich: »Sie nannten mich verrückt, und ich nannte sie verrückt, und verdammt noch mal, sie haben mich überstimmt.« Das Problem ist bis heute nicht gelöst.

5 Wahnsinnige unter Verschluss

Vor den Irrenanstalten

Theorie und Praxis des Einsperrens von Wahnsinnigen in speziell dafür eingerichtete Anstalten kamen spät auf. Was natürlich nicht bedeutet, daß die Irren zuvor ohne Regeln und Kontrolle gewesen wären. Griechisches und Römisches Recht versuchte sie mit verantwortlichen Vormunden an der Zerstörung von Leib, Leben und Eigentum zu hindern. »Ein wahnsinniger Mann«, schrieb Platon in den *Gesetzen*, »soll sich nicht frei in der Stadt bewegen, sondern seine Familie soll sich nach allen Möglichkeiten um ihn kümmern.«

Geisteskrankheit war damals und in der Folge noch über sehr lange Zeit eine grundsätzlich häusliche Angelegenheit, in Japan sogar noch bis weit ins zwanzigste Jahrhundert hinein. Die schwer Gestörten wurden zu Hause behalten, während es den Harmlosen erlaubt war, sich frei zu bewegen. Allerdings mied man sie, weil man glaubte, böse Geister gingen von ihnen aus und würden andere befallen.

Auch im christlichen Europa war es die Familie, die, genau wie für Kinder, auch für die Taten ihrer verrückten Mitglieder verantwortlich war. Wahnsinnige und »Dorftrottel« verblieben unter häuslicher Aufsicht – oft genug vernachlässigt und Opfer von Gewalt –, eingesperrt in einen Keller oder Schweinekoben und manchmal von einem Diener beaufsichtigt. Oder man schickte sie weg, um herumzulaufen und um ein Stück Brot zu betteln. Irrsinn galt wegen der Assoziation mit teuflischer Besessenheit oder schlechter Abstammung als Schande für die Familie.

Eine offiziellere Segregation begann sich gegen Ende des Mittelalters herauszubilden, begründet teilweise in der christlichen Pflicht der Nächstenliebe. Dem Schutz der Öffentlichkeit empfohlen, wurden Wahnsinnige manchmal in Türme oder Kerker eingesperrt. Das 1247 gegründete religiöse Krankenhaus St. Mary of Bethlehem, später als Bethlem (»Bedlam«) bekannt, begann gegen Ende des vierzehnten Jahrhunderts mit der Versorgung von Geisteskranken. Zu jener Zeit hatte die flämische Stadt Gheel mit ihrem Schrein der heiligen Dymphna bereits einen Ruf als Heilzentrum für Verwirrte erlangt. Auch im Spanien des fünfzehnten Jahrhunderts, in Valencia, Saragossa, Sevilla, Valladolid, Toledo und Barcelona, wurden Irrenanstalten unter religiöser Leitung gegründet (möglicherweise nach dem Vorbild der islamischen Krankenhäuser in Spanien).

Auch viele spätere Gründungen gingen auf religiöse Impulse zurück, so die im achtzehnten Jahrhundert eingerichteten Anstalten in Liverpool, Manchester, Newcastle und York. In katholischen Ländern wurden die Einrichtungen mit barmherzigen Brüdern und Schwestern besetzt, in deren Händen die Aufsicht und Versorgung der Geisteskranken oft bis ins zwanzigste Jahrhundert verblieb. Teilweise führten konfessionelle Unterschiede zu getrennten religiösen Anstalten, wie man es von rivalisierenden Schulsystemen kennt. So wurden etwa selbst in den »modernen« Niederlanden noch im letzten Viertel des neunzehnten Jahrhunderts getrennte calvinistische und katholische Irrenhäuser gegründet.

14 Dieser Druck aus dem neunzehnten Jahrhundert zeigt Pilger bei der Eucharistie in der Kapelle der heiligen Dymphna in Gheel. Gheel erlangte im Mittelalter einen Ruf als Heilschrein für Wahnsinnige und Geistesgestörte.

Eine große Gefangenschaft?

Auch der Staat und seine Vorschriften spielten eine Rolle. Berühmt geworden ist Michel Foucaults Behauptung aus den 1960er Jahren, der von Louis XIV. verkörperte Absolutismus habe eine europaweite »große Gefangenschaft« von Verrückten und Armen eingeläutet, eine Bewegung »blinder Repression«. All jene vom Makel der Unvernunft gezeichneten Tunichtgute, die Recht und Ordnung in Aufruhr brachten, wurden Ziel von Zwangseinweisungen im großen Stil. Armenhäusler, Kleinkriminelle, Nichtstuer, Stadt- und Landstreicher und in erster Linie Bettler bildeten den größten Teil dieser monströsen Armee von Unvernünftigen, doch die Geisteskranken und Schwachsinningen waren ihre symbolischen Anführer. Schon um 1660 waren ca. 6000 solcher Unerwünschter allein im Pariser Hôpital Général eingesperrt. Derartige Hospitäler wurden in der französischen Provinz bald kopiert, und Foucault wies auf ähnliche Institutionen in anderen Ländern hin, wo das Einsperren schwieriger Menschen keine therapeutische, sondern in erster Linie eine polizeiliche Maßnahme, eine Verwahrung durch den Staat war, so insbesondere in deutschen Zuchthäusern und englischen Armenhäusern und Besserungsanstalten.

Diese »große Gefangenschaft«, so Foucault, war mehr als nur eine physische Zwangseinweisung, sie bedeutete auch die Entwürdigung des Wahnsinns selbst. Im Verlauf der Geschichte hatten Wahnsinnige eine spezielle Macht und Faszination ausgeübt, sei es als heilige Spinner, Hexen oder Besessene. Schwachsinnige und Irre genossen die Freiheit der Rede und das Privileg, Bessergestellte zu verspotten. Die Anstaltseinweisung jedoch beraubte den Wahnsinn aller dieser Vorzüge und reduzierte ihn zu reiner Negation ohne jede Menschlichkeit. Kein Wunder, folgerte Foucault, daß Irrenhausinsassen mit Tieren in einem Käfig verglichen und auch so behandelt wurden: Ohne das fundamentale menschliche Attribut des Verstandes, was waren sie anderes als Tiere?

Foucaults Standpunkt ist eine gewisse Plausibilität zwar nicht abzusprechen, doch er ist zu einfach und zu verallgemeinernd. Außer in Frankreich war im siebzehnten Jahrhundert eine massive Zunahme an Anstaltseinweisungen nirgendwo zu beobachten, und diese wurden gewiß nicht zu einer automatischen Lösung. Verschiedene Nationen und Rechtssysteme verhielten sich unterschiedlich. Das absolutistische Frankreich zentralisierte in der Tat seine Maßnahmen im Umgang mit dem Wahnsinn. Seit der Regentschaft des Sonnenkönigs lag die Pflicht zur Bereitstellung von Einrichtungen für die armen Irren bei den Zivilbehörden (unter dem Code Napoléon übernahmen *préfects* diese Verantwortung). Familien war es möglich, wahnsinnige Angehörige von Gesetzes wegen einsperren zu lassen, indem sie von königlichen Beamten einen *lettre de cachet* erwarben; ein solches Dokument entzog den Betroffenen alle ihre Rechte.

In Rußland dagegen tauchten vor 1850 kaum staatlich organisierte Aufnahmestätten für Geisteskranke auf; wer eingewiesen wurde, kam üblicherweise in ein Kloster. Und in weiten Teilen des ländlichen Europa wurden nur wenige in Anstalten verbracht. Am Ende des neunzehnten Jahrhunderts gab es in ganz Portugal genau zwei Irrenhäuser, mit zusammen kaum mehr als 600 Insassen.

Auch in England läßt sich Foucaults »große Gefangenschaft« nicht belegen, traten staatlich verordnete Zwangseinweisungen doch erst relativ spät auf. Erst 1808 etwa erlaubte ein Parlamentsbeschluß überhaupt die Verwendung öffentlicher Gelder für Irrenanstalten, und erst 1845 wurde die Einrichtung solcher Häuser für die einzelnen Grafschaften verbindlich – gegen den Widerstand jener, die sie als Geldverschwendung oder Beschneidung der Freiheit empfanden. (In Wales zum Beispiel gab es damals noch gar keine Anstalten.) Im Jahr 1800 lebten in diesem Land mit einer Bevölkerung von annähernd zehn Millionen Menschen nicht mehr als etwa 5000 in spezialisierten Irrenanstalten, wenn es auch eine wohl ebenso große Zahl an Geisteskranken in Armenhäusern, Besserungsanstalten und Gefängnissen gab. Es gibt kaum Belege dafür, daß »Unverstand« vom Parlament oder dem Besitzbürgertum als unheilvolle Gefahr angesehen wurde.

Im urbanen Europa ebenso wie in Nordamerika müssen wir das Aufkommen der Irrenanstalten weniger als staatlichen Eingriff denn als Nebeneffekt der kommerzialisierten und professionalisierten Gesellschaft begreifen. Wachsender Überfluß und Wohlstand regte die Reichen dazu an, sich Dienstleistungen (kultureller, erzieherischer und medizinischer Natur) zu erkaufen, die ehedem zu Hause erbracht worden waren. Private Irrenhausbetreiber legten glaubhaft dar, daß eine Einweisung therapeutisch wirkte. Um 1800 war die Mehrheit der in England eingeschlossenen Irren in privaten Anstalten untergebracht, die gewinnorientiert in einer Marktwirtschaft operierten, die dieses Segment unverhohlen »trade in lunacy« (Geschäft mit dem Wahnsinn) nannte. Auch 1850 lebte noch mehr als die Hälfte der Internierten in privaten Einrichtungen.

Die Anfänge solcher privater Asyle sind obskur, denn man legte Wert auf Verschwiegenheit. Die Familien wollten Öffentlichkeit vermeiden, und die Anstalten selbst mußten in England erst ab 1774 eine gesetzliche Zulassung erlangen. Aufnahmeorte dieser Art jedoch gehen bis ins siebzehnte Jahrhundert zurück. Als George Trosse in den 1650er Jahren den Verstand verlor (siehe Kapitel 2), brachten ihn seine Freunde zu einem Arzt in Glastonbury, der die Irren versorgte. Nach der Restauration tauchten in Zeitungen Annoncen für derartige »private Häuser« auf, und bis 1800 wuchs die Zahl der privaten Irrenhäuser auf ungefähr fünfzig.

Frühe Irrenanstalten gab es in vielen Formen und Größen, einige gut, andere miserabel geführt. Vor 1800 war die medizinische Überwachung in keinem Land gesetzlich vorgeschrieben, und eine medizinisch geführte Oberaufsicht garantierte auch nicht automatisch eine gute Betreuung. Die medizinische »Dynastie« der Monros in Bethlem (drei Generationen von Johns, gefolgt von einem Edward, in Analogie zu den vier Georges, die das Land regierten) konnte nicht verhindern, daß die Anstalt korrupt und rückständig wurde – ganz im Gegenteil. Einige der besten Einrichtungen wurden von Laien geführt, beispielsweise das York Retreat (mehr dazu weiter unten), dessen guter Ruf jenen Ärzten, die für ein Monopol der Medizin eintraten, ein Dorn im Auge war.

15 Umgeben von verschiedenen gestörten Personen in einer Irrenanstalt, wird ein halbnackter Patient von Aufsehern gefesselt. Der Druck (1735) ist offensichtlich eine Reaktion auf Hogarths Bilderfolge »The Rake's Progress« (»Der Lebenslauf eines Wüstlings«) und ein Hinweis auf die Popularität solcher Szenen aus Bedlam.

Doch eine Reihe von nach 1820 erlassenen Gesetzen schrieb die Anwesenheit eines Arztes zunächst in öffentlichen, später auch in privaten Anstalten vor.

Einige der frühen Irrenhäuser waren riesig. Im Nordosten Londons waren mehrere eigens für Mittellose und Versehrte der Armee und Marine erbaut worden und beherbergten je mehrere hundert Insassen. Andere waren winzig: Jenes von Dr. Nathaniel Cotton in St. Albans, das »Collegium Insanorum«, bot gerade mal einem halben Dutzend einen bequemen Platz. Bei Kosten von bis zu fünf Guineen pro Woche – dem Jahresgehalt eines Dieners – konnte sich offensichtlich nur eine gehobene Klasse von Irren Cottons Haus leisten. Auch das 1792 errichtete Ticehurst House in Sussex bot den Reichen Psychiatrie der Luxusklasse. Die Patienten brachten ihre persönlichen Diener mit, einige waren in individuellen Häusern auf dem Gelände untergebracht, und männlichen Irren war es erlaubt, an der Jagd teilzunehmen.

Foucault behauptete, bei der »großen Gefangenschaft« sei es hauptsächlich um die Zwangsverwahrung der verwirrten Armen durch die Anhänger des bürgerlichen Arbeitsethos gegangen, ein Gedanke, den Klaus Dörner in *Bürger und Irre: Zur Sozialgeschichte und Wissenschaftssoziologie der Psychiatrie* (1969) aufgreift. Doch organisierte Arbeit in frühen Irrenanstalten läßt sich kaum belegen – im Gegenteil: Kritiker geißelten sie als Höhlen der Faulheit. Unternehmerisch denkende Irrenhausbesitzer suchten natürlich reiche und vornehme Patienten, die ohnehin nicht arbeiteten.

Es wäre daher zu einfach, die Ausbreitung der institutionalisierten Psychiatrie als Folge eines simplen Mittels zum Zweck oder einer Verschwörung zu verstehen, als neue Hexenjagd oder als Werkzeug der sozialen Kontrolle, um die Chancen der sich entwickelnden industriellen Gesellschaft nicht zu behindern. Die Anstaltslösung sollte nicht aus dem Zusammenhang einer Zentralpolitik verstanden werden, sondern als Folge des Aufeinanderprallens verschiedenster Bedürfnisse, Rechte und Verantwortlichkeiten von unterschiedlichen Gruppen in einer vielfältigen Konsumwirtschaft mit einem aufstrebenden Dienstleistungssektor. Das Einsperren (und spätere Entlassen) eines Patienten hatte normalerweise nichts mit offiziellen Erlassen zu tun, sondern war das Ergebnis komplizierter Verhandlungen zwischen Familien, Gemeinden, lokalen Behörden, Richtern und den Verwaltern. Die Initiative zur Einweisung konnte von verschiedener Seite kommen; die Anstalten wurden von Familien ebenso genutzt wie vom Staat, und das Gesetz befriedigte viele Bedürfnisse. Ähnlich komplizierte Interessensabwägungen, wie sie das Anstaltswesen im England des achtzehnten und neunzehnten Jahrhunderts begründeten und antrieben, haben neue Studien auch über Anstalten in Afrika und Lateinamerika im zwanzigsten Jahrhundert enthüllt.

Die Qualität der Anstalten variierte erheblich. Reformer geißelten viele als korrupte, brutale Abscheulichkeiten, wo Peitschen und Ketten unter dem Vorwand der Therapie eingesetzt wurden; Patientenproteste brachten diese Vorwürfe zum Ausdruck (siehe dazu Kapitel 7). Doch Anstalten wirkten auch stabilisierend. Der nach mehreren Selbstmordversuchen verwirrte Dichter William Cowper verbrachte achtzehn Monate in Nathaniel Cottons obenerwähnter Einrichtung in St. Albans. In seiner Autobiographie ist er voll des Lobes für die Pflege, die ihm ein »immer aufmerksamer und um mein Wohlbefinden besorgter« Arzt angedeihen ließ; er nahm anschließend sogar einen der Pfleger als persönlichen Diener mit nach Hause. Die vielen hundert Seiten an Zeugenaussagen, die 1815 dem Committee on Madhouses im House of Commons überreicht wurden, belegen die Verdienste einiger privater Häuser, während sie die herzlosen, geldgierigen Zustände in anderen anprangerten.

Nährboden der Psychiatrie

Das private Irrenhaus diente zwar dem »Geschäft mit dem Wahnsinn«, doch es wurde auch zum Treibhaus für die Entwicklung der Psychiatrie zu einer Kunst und Wissenschaft. Das Asyl war keine Erfindung zur Anwendung der Psychiatrie; diese war vielmehr die zur Beaufsichtigung der Insassen entwickelte Praxis. Die Vorstellungen, die man sich von Geisteskrankheit machte, blieben abstrakt und theoretisch, bis Ärzte und Besitzer von Anstalten durch die Beaufsichtigung der Irren umfassende Erfahrungen aus der unmittelbaren Nähe erwarben. Lange war man der Auffassung, Wahnsinnige seien wie wilde Tiere und müßten brutal gezähmt werden, und seit jeher wurden Schocktherapien und Medikamente angewendet: Fesseln, Aderlaß, Abführ- und Brechmittel. Angespornt vom Optimismus der Aufklärung, wurde die praktische Psychiatrie durch die Erfahrung in den Anstalten verändert; die Wiederherstellung der geistigen Gesundheit in wohldurchdachten und gut geführten »Anstaltsmaschinen« wurde zum Standardanspruch. Erfahrung und Innovation lauteten die Parolen.

Ein früher Verfechter der Irrenanstalt als therapeutischer Motor war William Battie. Der Arzt am neuen St. Luke's Asylum in London und Besitzer einer privaten Anstalt stellte in den 1750er Jahren fest, daß ein kleiner Teil der Wahnsinnigen tatsächlich an »Erbwahnsinn« litt, der, vergleichbar der Erbsünde, unheilbar war. Un-

16 Ein geistesgestörter Patient in einer an der Wand befestigten Zwangsjacke, mit einer tonnenförmigen Vorrichtung um die Beine. Es wurden viele verschiedene Formen der Fesselung ausprobiert; die meisten erwiesen sich als kontraproduktiv, was die »Non-Restraint«-Bewegung ins Leben rief. Photographie nach einem Holzstich, 1908.

gleich häufiger jedoch war Battie zufolge der »Folgewahnsinn« – also eine Geistesstörung als Folge gewisser Ereignisse –, für welchen eine günstige Prognose gestellt werden konnte. Um die Heilungschancen zu erhöhen, forderten Battie und seine vielen Anhänger eine frühe Diagnose und Einweisung (bevor sich das Leiden festsetzte) sowie eine dem Einzelfall angepaßte Behandlung. Pauschalanwendungen wie der jährliche Frühjahrsaderlaß in Bethlem seien nutzlos, chirurgische und mechanische Methoden brächten wenig, und »Medizin« erreiche deutlich weniger als »Führung«, worunter Battie den engen Kontakt zum Patienten zur Behandlung der spezifischen Verwirrung und der Unzulänglichkeiten des einzelnen verstand. Im Widerspruch zum therapeutischen Pessimismus, für den Bethlem stand, weckte Battie einen neuen aufgeklärten Optimismus: »Wahnsinn ist ... genauso behandelbar wie viele andere Verstimmungen.«

Die Jahre vor und nach 1800 brachten einen verstärkten Glauben an die Wirksamkeit persönlicher Betreuung in einer geschützten Anstaltsumgebung. In England folgten Ärzte wie Thomas Arnold, Joseph Mason Cox und Francis Willis (den man zur Behandlung von Georg III. berufen hatte) Batties Parole, daß »Führung« mehr ausrichten könne als »Medizin«. Sie waren die Vordenker der »moralischen Führung«, mittels der der erfahrene Therapeut die verwirrte Psyche seines Patienten zu beeinflussen suchte. Ein Besucher in Willis' Irrenhaus in Lincolnshire zeigte sich vom Ton, der dort herrschte, beeindruckt:

> … all die anwesenden Pflüger, Gärtner, Drescher, Dachdekker und anderen Handwerker, gekleidet mit schwarzen Mänteln, weißen Westen, schwarzen Seidenhosen und Strümpfen, und der Kopf eines jeden *bien poudrée*, *frisée* und *arrangée*. Dies waren die Patienten des Doktors; Kleidung, gepflegte Erscheinung und Bewegung waren die vorrangigen Eigenschaften seines bewundernswerten Systems; Gesundheit und Fröhlichkeit verbanden sich zur Wiederherstellung jeder Person in dieser wertvollen Anstalt.

Im Fall seines königlichen Patienten wandte Willis einen Mix aus psychologischem Druck, Stärkung des Selbstvertrauens und Augenkontakt (zur Erlangung von Dominanz) an, ergänzt um Routinebehandlungen wie der Anwendung blasenziehender Mittel. Georgs Zustand besserte sich, zur Erleichterung der Nation, obwohl man seine Genesung heute der natürlichen Besserung einer akuten intermittierenden Porphyrie zuschreibt (einer angeborenen Stoffwechselkrankheit, die chronische Schmerzen und Delirium auslöst), unter der der Monarch nach heutigem Wissensstand gelitten hat.

Kurze Zeit später entwickelte das York Retreat die »moralische Therapie«, die ihr Hauptaugenmerk auf gemeinschaftliches Leben in einer häuslichen Umgebung legte, um das Verhalten zu stabilisieren. Das York Asylum, eine Wohltätigkeitsinstitution, war zuvor in Skandale verwickelt gewesen. Als Gegeninitiative und Alternative gründete die lokale Quäkergemeinde unter der Führung des Teehändlers William Tuke im Jahr 1796 das Retreat. Sein Vorbild war das Ideal des bürgerlichen Familienlebens, Zwangsmaßnahmen wurden nach Möglichkeit vermieden. Patienten und Betreuer lebten, arbeiteten und aßen gemeinsam in einer Umgebung, in der Besserung durch Lob und Tadel, Belohnung und Strafe gefördert wurde; Ziel war die Wiedererlangung der Selbstbeherrschung. In seiner *Description of the Retreat* (1813; »Beschreibung des Retreat«) hielt Tukes Enkel Samuel fest, daß ursprünglich auch medizinische Behandlungen ausprobiert wurden, jedoch mit geringem Erfolg. Das Retreat gab »medizinische« Mittel in der Folge zugunsten von »moralischen« auf, nämlich Güte, Milde, Vernunft und Menschlichkeit, immer innerhalb einer familiären Atmosphäre – mit hervorragenden Resultaten.

Anderswo waren ähnliche Entwicklungen zu beobachten. In Florenz war es Vincenzo Chiarugi (1859 bis 1820; mehr über ihn in Kapitel 6), der Verwahrung, medizinische Behandlung und Zwangsmaßnahmen ablehnte und statt dessen Behandlungen förderte, die den Wahnsinnigen als menschliches Wesen achteten: »Es ist eine übergeordnete moralische Aufgabe und medizinische Pflicht, das geistesgestörte Individuum als Person zu respektieren.« Die größte öffentliche Beachtung jedoch fanden die von Philippe Pinel an den Krankenhäusern Salpêtrière und Bicêtre in Paris eingeleiteten Reformen. Begeistert von den Idealen der Französischen Revolution (Freiheit, Gleichheit, Brüderlichkeit), befreite Pinel 1793 seine Schützlinge von ihren Ketten – und dies nicht nur im übertragenen Sinn des Wortes.

Pinel machte sich das fortschrittliche Denken der Aufklärung zu eigen. Wenn Wahnsinn eine geistige Störung war, dann war er auch mit geistigen Mitteln zu behandeln. Körperlicher Zwang war im besten Fall eine

Nebensächlichkeit, im schlechtesten Fall ein bequemes Hilfsmittel und ein Ärgernis. Die Behandlung mußte zur Psyche vordringen.

Während der Schreckensherrschaft hinterfragte ein Pariser Schneider die Hinrichtung von Louis XVI. Weil er ein zufällig mitangehörtes Gespräch falsch deutete, war er überzeugt, bald selbst mit der Guillotine hingerichtet zu werden. Sein Irrglaube wuchs sich zu einer fixen Idee aus, was eine Anstaltseinweisung notwendig machte. Als Form der Psychotherapie ließ Pinel eine komplizierte Szene aufführen: Drei als Richter verkleidete Ärzte traten vor dem Schneider auf und vertraten angeblich die revolutionäre Gesetzgebung. Das Gremium befand, sein Patriotismus stehe außer Frage, und sprach ihn von jeglichen Missetaten frei. Als Folge dieses Pseudogerichts, so Pinel, verschwanden die Symptome des Mannes augenblicklich.

Moralische Reformer wie die Tukes und Pinel verstanden Wahnsinn als Zusammenbruch der inneren, rationalen Kontrolle. Die moralischen und psychologischen Fähigkeiten des Betroffenen mußten neu stimuliert werden, damit innere Selbstkontrolle den äußeren Zwang wieder ablöste. Die Psychiatrie sollte den Verstand und das Gewissen wiederbeleben. Um dies zu erreichen, war die abgeschlossene Umgebung der Irrenanstalt wie maßgeschneidert.

Diese neuen Ideen paßten zum sozio-politischen Optimismus der Revolutionszeit. Die progressiven Kräfte wollten die Überbleibsel des Irrenhauses aus dem Ancien régime wegfegen. Die Bollwerke der Repression, des sinnlosen Zwangs und der hoffnungslosen Verwahrung wie

17 Philippe Pinel (1745–1826) war ein Pionier der moralischen Therapie im revolutionären Paris und befreite nach der Überlieferung die Wahnsinnigen in den Krankenhäusern Salpêtrière und Bicêtre von ihren Ketten. Stich nach Madame Mérimée, 1810.

das rückständige Bethlem mußten verschwinden. Einem Unterhausausschuß war zu Ohren gekommen, daß ein Patient, James Norris, dort während Jahren auf schokkierendste Weise gequält worden war:

> … um seinen Hals war ein starker Eisenring vernietet, von dem eine kurze Kette durch einen Ring führte, der an einer massiven, mehr als sechs Fuß langen, in die Wand eingelassenen Eisenstange auf und ab glitt. Um seinen Körper herum hatte man ein etwa zwei Inches starkes Eisenband vernietet, das zu beiden Seiten eine runde Ausbuchtung aufwies; diese waren seinen Armen angepaßt, umschlossen sie und preßten sie eng an seinen Körper.

Der Arzt des Bethlem Hospital, Thomas Monro, versicherte dem Ausschuß etwas lahm, daß solche Horrorfesseln »nur für arme Irre geeignet« seien; »legte man einen Gentleman in Ketten, würde er es nicht schätzen«. Tukes *Description of the Retreat* dagegen zeigte ein Musterbeispiel für die Reformen. Genau wie Pinel begründete auch er die moralische Therapie mit Menschlichkeit und Wirksamkeit.

Die idealisierte Irrenanstalt

Die Kritik führte also nicht zur Abschaffung, sondern zu einer Metamorphose der Irrenhäuser, und die Anstaltseinweisung wurde aus einem Spontanhilfsmittel zu einem positiven Ideal. In Frankreich führten Pinels Reformen und die neuen gesetzlichen Vorschriften des Code Napoléon im Jahr 1838 zum Erlaß eines Schlüsselstatuts. Die Departements waren von nun an verpflichtet, öffentliche Irrenanstalten zu gründen oder wenigstens andere angemessene Einrichtungen zu garantieren. Das Statut schützte vor mißbräuchlicher Verwahrung, indem es Vorschriften zur Beurteilung der Irren durch medizinische Beamte erließ – wobei für die Einweisung eines Mittellosen noch immer die Unterschrift eines Präfekten ausreichte. Präfekten waren auch zu Inspektionen ermächtigt. Ein ähnliches Gesetz wurde zwölf Jahre später auch in Belgien erlassen.

Ein vergleichbares Reformprogramm wurde – gegen den Widerstand der Medizin – auch in England durchgesetzt. Bekannt gewordene Skandale über die mißbräuchliche Einweisung von Gesunden hatten 1774 zum Erlaß des Madhouse Act (Gesetz über die Irrenhäuser) geführt. Dieses verlangte die jährlich zu erneuernde richterliche Zulassung privater Irrenhäuser, schrieb eine Maximalgröße für jedes Asyl vor und machte die Erneuerung der Zulassung von ordentlich geführten Aufnahmelisten abhängig. Richter wurden ermächtigt, Kontrollen durchzuführen. (In London war die Inspektionsbehörde ein Gremium des Royal College of Physicians.) Am wichtigsten jedoch war, daß die Bescheinigungspraxis vereinheitlicht wurde. Obwohl Mittellose nach wie vor durch einen Richter eingewiesen werden konnten, bedurfte es zur rechtmäßigen Einweisung aller anderen eines Briefes von einem praktischen Arzt.

Es folgten weitere Reformen. Das Gesetz von 1774 wurde ab 1828 durch eine Reihe von Zusätzen ergänzt, insbesondere durch die Berufung der *Commissioners in Lunacy*, zunächst in London, später im ganzen Land. Diese Commissioners waren ein ständiges Gremium von Inspektoren (bestehend aus Ärzten und Rechtsanwälten) mit der Befugnis, unrechtmäßige Praktiken anzuzeigen und die Erneuerung der Zulassung zu verweigern. Sie initiierten auch die Verbesserung und Standardisierung der Pflege und Behandlung. Das Gremium merzte die

18 Lunatic Asylum, New York.
Im neunzehnten Jahrhundert wurde es üblich,
Irrenhäuser auf dem Land zu errichten, weil man glaubte,
die natürliche Umgebung habe eine heilende Wirkung.

schlimmsten Mißbräuche aus, indem es beispielsweise vorschrieb, sämtliche Fälle von Zwangsmaßnahmen zu dokumentieren.

Die Vorkehrungen gegen mißbräuchliche Verwahrung wurden ständig ausgeweitet. Ein einflußreiches Gesamtgesetz von 1890 machte die Beibringung von *zwei* Attesten für die Einweisung *jedes* Patienten erforderlich. Langfristig gesehen mögen solche rechtlichen Skrupel nicht nur Vorteile gebracht haben. Denn weil die Anstalten nur amtlich beglaubigte Irre aufnehmen konnten, wurde ihre Umwandlung in offenere Einrichtungen mit erleichtertem Zugang und Austritt verzögert. Statt dessen wurde ihr Status als abgeschlossener Ort der letzten Zuflucht bestätigt, und die Attestierung führte oft zu längerer Verwahrung. Daraus resultierte das Versagen, teilweise oder zeitweise Verwirrten eine angemessene Pflege angedeihen zu lassen, und die Asyle wurde von der Öffentlichkeit noch mehr isoliert.

Ähnlich verlief die Entwicklung in den Vereinigten Staaten, wo es seit dem neunzehnten Jahrhundert Irrenanstalten gab. Der Erfolg des York Retreat war der Impuls zur Gründung des Frankford Asylum in Pennsylvania (1817), des Friends' Asylum in der Nähe von Philadelphia (1817), des McClean Hospital in Boston (1818), des Bloomingdale Asylum in New York (1821) und des Hartford Retreat in Hartford, Connecticut (1824). Die meisten der frühen amerikanischen Irrenhäuser versorgten sowohl private (zahlende) wie öffentliche (Fürsorge-) Patienten. Wie in Frankreich waren es auch in Amerika Ärzte, die sich auf Geisteskrankheiten spezialisiert hatten, die die Errichtung von Irrenhäusern vorantrieben. Besonders zu erwähnen sind Samuel B. Woodward vom Worcester State Hospital und Pliny Earle vom Bloomingdale Asylum in New York, die medizinische und moralische Therapien im Sinne von Pinels therapeutischem Optimismus kombinierten. Sie gehörten zu den dreizehn Begründern der 1844 ins Leben gerufenen Association of Medical Superintendents of American Institutions for the Insane; aus ihr wurde später die American Psychiatric Association.

Zahl und Größe der Nervenheilanstalten schossen im neunzehnten Jahrhundert in ganz Europa in die Höhe. In England stiegen die Patientenzahlen zwischen 1800 und 1900 von vielleicht 10000 auf das Zehnfache an. Die Zunahme war besonders in den neuen Nationalstaaten bemerkenswert. In Italien befanden sich noch 1881 nicht mehr als 8000 Menschen in Anstalten; bis 1907 war diese Zahl auf 40000 angestiegen.

Solches Wachstum läßt sich nur schwer erklären. Wer positivistisch, bürokratisch, utilitaristisch oder professionell dachte, baute auf institutionelle Lösungen – sprichwörtlich auf Ziegel und Mörtel. Ließen sich nicht in Schulen, Armenhäusern, Gefängnissen, Kranken- und Irrenhäusern die sozialen Probleme fassen und lösen, die von demographischer Veränderung, Verstädterung und Industrialisierung verursacht worden waren?

Man legte großen Wert auf die Verbesserung der Irrenhäuser und entwickelte viele neue Ideen. In den 1830er Jahren führten in England unabhängig voneinander Robert Gardiner Hill am Lincoln Asylum und John Conolly am neuen Middlesex County Lunatic Asylum bei Hanwell im Westen von London die »Non-Restraint«-Methode ein. Hill und Conolly führten die moralische Behandlung zu ihrer logischen Konsequenz und gaben alle Formen des mechanischen Zwangs auf, nicht nur Ketten und Handscheilen, sondern auch Stoffesseln und Zwangsjacken. Diese ersetzten sie mit der Überwachung durch ausgebildete Wärter und ein Arbeitsprogramm, das den Geist stimulieren und den Körper diszi-

19 Das teils private, teils karitative Lincoln Asylum. Es erlangte Berühmtheit durch die Pionierarbeit, die Robert Gardiner Hill in den 1830er Jahren auf dem Gebiet der »Non-Restraint«-Behandlung dort leistete.

plinieren sollte. »In allen Fällen von geistiger Störung«, schrieb Conolly, »ist ein regelmäßiges Leben den Patienten äußerst förderlich.« Hill belegte seinen eindrucksvollen Erfolg in Lincoln mit der auf der nächsten Seite wiedergegebenen Tabelle.

Die Zahlen sprachen Bände, aber Gardiner Hill hatte auch Antworten für seine Kritiker parat:

> Man wird mich fragen: »Welche Methoden wenden Sie anstelle von Gewalt an? Wie verhindern Sie Unfälle?« Kurz gesagt, wie ersetzt man Zwang? Die Antwort läßt

Jahr	Gesamtzahl der Patienten	Gesamtzahl der Patienten unter Gewaltanwendung	Gesamtzahl der Fälle von Gewaltanwendung	Anzahl Stunden unter Gewaltanwendung (gesamt)
1829	72	39	1727	29424
1830	92	54	2364	27113¾
1831	70	40	1004	10830
1832	81	55	1401	15671½
1833	87	44	1109	12003½
1834	109	45	647	6597
1835	108	28	323	2874
1836	115	12	39	334
1837	130	2	3	28
1838	148	0	0	0

> sich in wenigen Worten zusammenfassen, nämlich: Klassifizierung, wachsame und ununterbrochene Aufmerksamkeit bei Tag und bei Nacht, Freundlichkeit, Beschäftigung, und besonderes Augenmerk auf Gesundheit, Reinlichkeit und Wohlbefinden, sowie die vollständige Abwesenheit anderer Beschäftigungen der Wärter. Diese Behandlung, in einem geeigneten und vernünftig gebauten Gebäude, mit einer ausreichenden Zahl an kräftigen und aktiven, jederzeit aufmerksamen Wärtern, schafft die beste Voraussetzung, den Patienten wiederherzustellen; und alle Zwangs- und Folterinstrumente werden absolut und in jedem Fall unnötig.

Obwohl Pinel die Ketten gesprengt hatte, sahen Reformer auf dem Kontinent die totale »Non-Restraint«-Methode als eigenartige *idée fixe* der Engländer an, eine Marotte von doktrinärem Liberalismus, die kaum übernommen wurde. Doch französische und deutsche Reformer fanden eigene Wege, die Anstaltsumgebung zu nutzen. Besonders beliebt war die Arbeitstherapie. In ländlicher Umgebung wurde das Irrenhaus eine selbstversorgende Kolonie, mit eigener Landwirtschaft, Wäscherei und eigenen Werkstätten, teils aus ökonomischen Gründen, teils aber auch, um Arbeit als Therapieform zu nutzen. In Frankreich wurde die Balneotherapie ein zentrales Element der »Anstaltswissenschaft«. In Deutschland verfaßte C. F. W. Roller in der einflußreichen Anstalt Illenau in Baden detaillierte Anweisungen über Dinge wie rutschsichere, geruchsabweisende Böden, gute Abflüsse, Kleidung, Ernährung und Bewegung; hier wurden auch erstmals Musik- und Bewegungstherapien eingesetzt. Überall wurden Pflege und Behandlung der Irren zu einem Thema der neuen »Wissenschaft« der Irrenanstaltsleitung, die von Fachorganen wie dem *Asylum Journal* verbreitet wurde.

Zentrale Bedeutung wurde der Architektur beigemessen. Raffinierte Pläne sollten für maximale Sicherheit, reichlich frische Luft, effiziente Abwasserleitungen und optimale Einsehbarkeit nach den Vorgaben von Benthams Panoptizismus sorgen (obwohl nur wenige Anstalten effektiv nach dessen Plan des *Panopticon* gebaut wurden). Dabei kam es auf die Klassifizierung der verschiedenen Formen von Wahnsinn an: Männer mußten von Frauen getrennt werden, heilbare von unheilbaren Fällen, Gewalttätige von Harmlosen, die Reinlichen von den Unreinlichen. Außerdem wurde eine Skala des Fortschritts geführt, um den Weg der Besserung jedes Patienten bis zu seiner möglichen Entlassung zu dokumentieren. Peinlich genaue Klassifizierung war das erste Gebot jedes Anstaltsleiters. Und alle diese Ziele waren im Einklang mit Ordnung, Wirtschaftlichkeit, Effizienz und Disziplin zu erreichen.

Das Asylwesen hat zu jeder Zeit Kritiker gehabt. »Bedlam« war lange Zeit ein Synonym für die Unmenschlichkeit unter Menschen. Im Verlauf des achtzehnten Jahrhunderts nahmen Protestschreiben von Patienten zu, die Brutalität und Vernachlässigung anprangerten; im darauffolgenden Jahrhundert geißelten Aktivistinnen wie Louisa Lowe die »englischen Bastillen«. Radikale Strömungen innerhalb der Medizin selbst behaupteten, die Irrenanstalten würden sich doch auch beim besten Willen immer als kontraproduktive »Manufakturen des Wahnsinns« erweisen: Zusammengepfercht würden sich die Irren immer auf den kleinsten gemeinsamen Nenner beschränken. Die Befürworter waren den Gegnern zahlenmäßig jedoch lange Zeit überlegen, so daß die Anstaltsbewegung auf einer Welle des Optimismus schwamm. Dr. William Alexander Francis Browne (1806–1885), Direktor des Royal Montrose Lunatic Asylum in Schottland, erklärte in *What Asylums Were, Are, and Ought to Be* (1837; »Was Asyle waren, sind, und sein sollten«), die traditionellen Anstalten seien Abscheulichkeiten gewesen, die gegenwärtigen seien besser, und das Asyl der Zukunft würde geradezu paradiesisch:

> Stellen Sie sich ein geräumiges, palastähnliches Gebäude vor, luftig, erhaben und elegant, umgeben von weitläufigen und hügeligen Ländereien und Gärten. Das Innere ist mit Galerien, Werkstätten und Musikzimmern eingerichtet. Die Fenster lassen Sonne und Luft herein, öffnen den

> Blick auf Sträucher und Felder und Gruppen von Arbeitenden, ohne Behinderung durch Fensterläden oder Gitter; alles ist sauber, ruhig und einladend. Die Bewohner scheinen alle von einem gemeinsamen Impuls der Freude getrieben, sind beschäftigt und freuen sich über die Beschäftigung. Das Haus und alles darum herum gleicht einem fleißigen Bienenstock ... In dieser Gemeinschaft gibt es keinen Zwang, keine Ketten, keine Peitschen und keine körperliche Züchtigung, aus dem einfachen Grund, weil diese sich als weniger wirksam erwiesen haben als Überzeugungskraft, Nachahmung und der Wunsch nach Erfüllung ... Dies ist ein getreues Abbild vieler Institutionen, und ein Abbild einer jeden, wenn sie denn so geführt würde, wie sie sollte.

Wie Browne glaubten viele, oder wollten glauben, daß solche Institutionen ein einziger Segen wären.

Das Irrenasyl als Problem

Im letzten Drittel des neunzehnten Jahrhunderts jedoch wurde ein neuer Pessimismus laut. Die Zahl der Entlassungen zeigte, daß die Anstalten weit davon entfernt waren, ein Allheilmittel zu sein. Die Heilungsquoten sanken, weil die öffentlichen Häuser zunehmend mit zombiehaften Langzeitpatienten verstopft waren.

Bis zu einem gewissen Grad waren die Psychiater Opfer ihrer eigenen Propaganda. Sie hatten behauptet, viele der traditionellerweise als Laster, Sünde oder Verbrechen bezeichneten anormalen und asozialen Verhaltensweisen seien in Wirklichkeit geistige Störungen, die eines Arztes und eines Asyls bedurften. In der Folge wiesen die Richter viele schwierige Fälle nicht mehr in die Armenhäuser oder Gefängnisse ein, und Anstaltsdirektoren fanden sich zu ihrer Bestürzung und auf ihre Kosten mit Rehabilitationsaufgaben konfrontiert, die mehr Probleme mit sich brachten als erwartet. Auch Senile, Verwirrte, Epileptiker, Paralytiker, Syphilitiker im Endstadium und andere Patienten mit degenerativen neurologischen Krankheiten wurden in zunehmendem Maße durch die Pforten der Irrenanstalten geschleust. Bei allen diesen Fällen war die Prognose düster, und die Asyle wurden zu Mülltonnen für hoffnungslose Fälle.

Die Psychiatrie begann darauf zu reagieren. Wenn die moralische Therapie nichts nützte, bedeutete dies dann nicht, daß viele Formen von Geisteskrankheit eben doch chronisch waren, tief verwurzelt, angeboren und wohl auch ererbt? Untersuchungen legten nahe, daß Wahnsinn von Generation zu Generation weitergegeben wurde, daß die Gesellschaft einen »Eisberg« atavistischer Debiler und Degenerierter mit sich herumschleppte. Konfrontiert mit diesem unlösbaren Problem vertraten Psychiater, die der Degenerationstheorie anhingen, die Auffassung, daß man nicht viel mehr tun könne, als solche Bedrohungen wegzusperren, wo sie wenigstens sicher waren und keine weiteren Generationen von »Wiederholungstätern« und Schwachsinnigen zeugen konnten. Inspektoren in Irland äußerten diesen neuen Pessimismus schon 1851, als sie festhielten: »Alle Anstalten neigen im Prinzip dazu, von ihrem ursprünglichen Anspruch, Hospitäler zur Behandlung Wahnsinniger zu sein, zu Domizilen für unheilbare Irre zu degenerieren.«

In dieser Atmosphäre füllten sich die öffentlichen Anstalten immer mehr. 1827 beherbergte das durchschnittliche englische Irrenhaus 116 Patienten, 1910 waren es mehr als zehn Mal so viele, wobei allein Colney Hatch Asylum im Norden Londons über 3000 zählte. Diese Anstalten verkamen zu Orten, die von strenger Zucht und Ordnung und knappen finanziellen Mitteln regiert wurden, ergänzt um routinemäßige Gaben von Medikamenten (wie etwa Bromide und Chloralhydrat) zur Beruhigung, Sedierung und Betäubung. In den USA machte der Optimismus der moralischen Behandlung einer zunehmenden Beschäftigung mit Sicherheit und Sedierung Platz. Die Qualität der Pflege ließ nach. Das in der ersten Hälfte des neunzehnten Jahrhunderts eröffnete Pennsylvania Asylum propagierte ursprünglich ein hohes Maß an Gemeinschaftlichkeit und Familienmitarbeit und warb mit einer heilungsorientierten Ideologie. Gegen Ende des Jahrhunderts jedoch dominierte eine organische Psychiatrie, die die routinemäßige Anwendung von Sedativen befürwortete und den Niedergang der persönlichen Therapie markierte.

Die Tendenz zur Verwahrung in Anstalten war charakteristisch für jene Zeit. Sie verband den Imperativ des aufgeklärten Staates mit den Mitteln der Marktwirtschaft und läutete einen progressiven therapeutischen Optimismus (bei fortwährender Bevormundung) ein – die Überzeugung, daß soziale und professionelle Eliten das Recht und die Verantwortung haben, Benachteiligte zu behandeln. Die Asylidee war nicht zuletzt auch ein Ausdruck des langanhaltenden kulturellen Paradigmenwechsels, weg von der Religion und hin zu einem wissenschaftlichen Säkularismus. Im traditionellen Christentum war die maßgebliche Unterscheidung jene zwischen

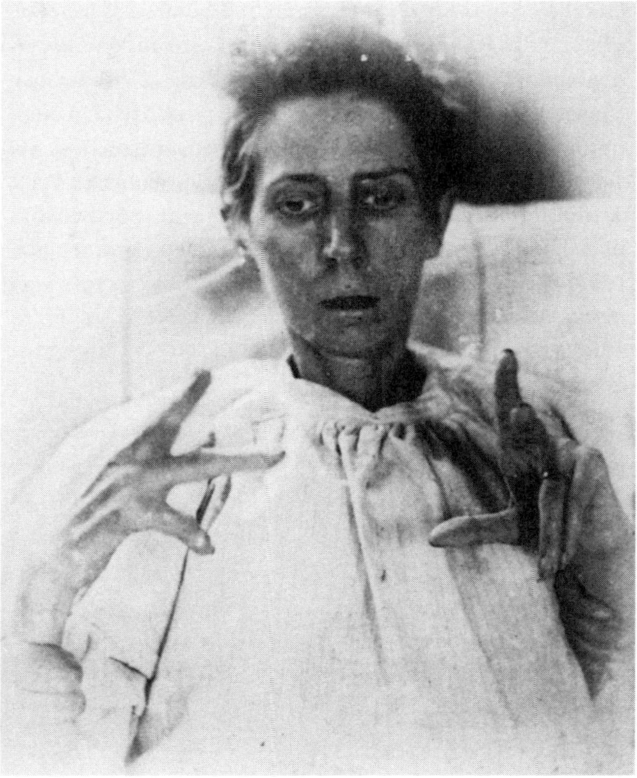

20 Diese spätviktorianische Photographie zeigt eine Frau im Colney Hatch Asylum, die an Manie litt, mit Bewegungen der Unterarme, Hände und Finger. Solche Photographien wurden häufig zur Ausbildung und Diagnose benützt. Colney Hatch im Norden von London wurde im Juli 1851 eröffnet. Die anfängliche Patientenzahl von 1250 stieg bis zur Umbenennung in Friern Hospital im Jahr 1937 auf 2700 an. Die Anstalt schloß in den 90er Jahren des letzten Jahrhunderts.

Gläubigen und Ketzern, Heiligen und Sündern; jene zwischen geistig Gesunden und Geisteskranken war unbedeutend. Dies änderte sich, und seit dem »Zeitalter der Vernunft« klaffte der große Graben zwischen den Vernünftigen und allen anderen, mit den Anstaltsmauern als sichtbarer und wirksamer Grenze. Die Schlüssel Petri waren durch die Schlüssel der Psychiatrie ersetzt worden. Die Errichtung der Asyle schuf einen *cordon sanitaire*, der die »Normalen« von den »Irren« trennte, was deren Anderssein unterstrich und ein geschäftsmäßiges Milieu hervorrief, in dem mit diesem Fremden umgegangen werden konnte.

6 Der Aufstieg der Psychiatrie

Kannst nichts ersinnen für ein krank Gemüt?

Macbeth

Die Mechanisierung des Wahnsinns

Das moderne Zeitalter erbte viele verschiedene Modelle des Wahnsinns. Im Christentum wurde Abnormalität, wie wir gesehen haben, meistens mit dem Übernatürlichen in Verbindung gebracht, sei es göttlicher oder teuflischer Natur gewesen. Der Humanismus der Renaissance und der wissenschaftliche Rationalismus dagegen bevorzugten naturalistische und medizinische Konzepte. Das geordnete, gesetzmäßig funktionierende Universum der mechanistischen Philosophie verwarf die satanische Besessenheit, während Manie und Melancholie laut aufgeklärten Ärzten nicht irgendwo im Himmel, sondern im Soma entstanden; die Ätiologie des Wahnsinns war organischer Natur.

Aber wenn dem so war, welche Organe und Funktionen genau waren beteiligt? Das alte humorale Verständnis geistiger Störungen, das die Rolle von Blut und gelber Galle für die Manie und von schwarzer Galle für die Melancholie betont hatte, verlor unter den Ärzten zunehmend an Bedeutung. Die »neue Wissenschaft« entwarf statt dessen einen Körper nach mechanistischen Gesetzen, mit dem Hauptgewicht auf den »Festkörpern« (Organen, Nerven und Gewebe) anstelle der Säfte. Die Iatrophysik (medizinische Physik) stellte sich die Körpermaschine als hydraulisches Röhrensystem vor, oder als neurologischen Schaltkreis, der die Glieder mit dem Gehirn verknüpfte und Sinneseindrücke und Bewegungen elektrisch übertrug.

Als Folge dieses Denkens wurde der Begriff der »Geisteskrankheit« in nach-kartesianischen Schriften fast zum Widerspruch in sich: Die Möglichkeit, daß der Geist als solcher krank sein könne, war diesem Programm zufolge ausgeschlossen. Innerhalb der Grenzen von Descartes' und Newtons Denken war die Seele per definitionem unverwundbar, und Ärzte führten Wahnsinn statt dessen auf Läsionen des Körpers zurück.

Der in Oxford ausgebildete Londoner Arzt Thomas Willis (1621–1675) entwickelte diesen Gedanken weiter; er arbeitete Descartes' Idee des »Reflexes« gründlicher aus und prägte den Begriff der »Neurologie«. Als fleißiger Sezierer strebte Willis danach, die verschiedenen geistigen Funktionen bestimmten Bereichen des Gehirns zuzuordnen. Seine Modelle des zentralen und peripheren Nervensystems basierten auf der Wirkung von *spiritus animales*, superfeinen chemischen Mittlern zwischen Körper und Geist, die von beiden beeinflußt werden konnten.

Ähnlich argumentierten Archibald Pitcairn, ein im niederländischen Leiden unterrichtender Schotte, und sein Protegé Richard Mead. Diesem zufolge litten Wahnsinnige unter falschen Einbildungen, die von den chaotischen Aktivitäten solcher unbeständigen *spiritus animales* herrührten; diese Einbildungen wiederum wirkten auf die Muskeln und lösten unbewußte und unkontrollierte Bewegungen der Extremitäten aus. Der Geistesgestörte war also eine aus dem Rhythmus geratene sensomotorische Maschine mit Betriebsstörung. Delirium beispielsweise sei »nicht eine Verstimmung des Gemüts, sondern des Körpers«, so Mead. Eine derartige Somatisierung diente dem Zweck, die Autorität der Medizin zu stützen, linderte gleichzeitig aber auch Ängste und den Eindruck der Stigmatisierung bei den Patienten, die nicht mehr als »verlorene Seelen« galten, die »vollends den Verstand« verloren hatten.

Die Definition des Wahnsinns als körperliche Störung hat Herman Boerhaave in seinen Schriften systematisiert. In echt kartesianischer Manier behaupteten der einflußreiche Leidener Professor und seine Schüler (unter ihnen besonders Albrecht von Haller), das wesentliche Symptom des Wahnsinns sei eine als Tatsache wahrgenommene Einbildung, die keine Entsprechung in der Realität habe. Diese Wahnvorstellungen hätten eine körperliche Ursache, sagten sie; Melancholie zum Beispiel sei die Folge der »Dissipation« (Verdunstung) der unbeständigsten Teile des Blutes und der Verdickung seiner »schwarzen, dicken und erdigen« Rückstände, was zur Lethargie führe. Friedrich Hoffmann, Professor der Medizin in Halle (siehe auch Kapitel 2), entwickelte eine ähnliche »Festkörper«-Psychopathologie, die auf den Gefäßen, Fasern und Poren basierte.

Mit dieser Hinwendung zum Somatismus geriet das Nervensystem in den Brennpunkt von Untersuchungen und Erklärungen. Anhänger von Pitcairn, insbesondere George Cheyne, spekulierten über die »Sympathie« des Gefäß- und des Nervensystems mit dem Gehirn. Die Vorstellung, Nerven seien hohle Röhrchen oder Drähte, durch die sich Wellen oder elektrische Impulse verbreiteten, führte zu Theorien, wonach wirre Gedanken und Stimmungsschwankungen von einem Fehler im Verdauungstrakt und Nervensystem hervorgerufen wurden, was Trägheit, Überspanntheit oder Verstopfung zur Folge habe. Nicholas Robinson, ein glühender Anhänger Newtons, behauptete in seinem *A New System of the Spleen* (1729; »Ein neues System der Gemütsschwankungen«), die Nervenfasern bestimmten das Verhalten, und krankhafte Laxheit derselben sei die Hauptursache der Melancholie. »Jede Gemütsveränderung«, schrieb er, »deutet auf eine Veränderung in den Körperorganen hin.« Wahnsinn war demnach also weit davon entfernt, reine Simulation oder eine »eingebildete Schrulle oder Laune« zu sein, sondern eine echte Krankheit, deren Wurzeln »in den echten, mechanischen Verbindungen von Materie und Bewegung« lagen.

In der Neuen Welt vertrat Benjamin Rush aus Philadelphia, der von der American Psychiatric Association offiziell als »Vater der amerikanischen Psychiatrie« anerkannte Arzt, die Ansicht, praktisch alle geistigen Störungen seien auf verdorbenes Blut zurückzuführen. Als Behandlung verordnete er systematisch den Aderlaß.

Der psychologische Ansatz

Nach 1750 setzte eine Wende in der Theorie ein, die zumindest teilweise auf die wachsende Akzeptanz der vom empirischen Philosophen John Locke und seinen Schülern (darunter besonders Etienne Bonnot de Condillac) vertretenen philosophischen Theorien von Empfindung und Wahrnehmung zurückzuführen war. Wie wir gesehen haben, ersetzte Locke Descartes' Vorstellung von angeborenen Ideen mit der Theorie, der Geist sei ursprünglich ein leeres Blatt Papier und Wahnsinn die Folge fehlerhafter Verknüpfungen bei der Verwandlung von Sinneswahrnehmungen in »Ideen« (so im *Essay Concerning Humane Understanding*, 1690; *Essay über den menschlichen Verstand*). Die Lockesche Theorie der (Fehl-) Verknüpfung von Ideen wurde vorab in Großbritannien, aber auch in Frankreich zum Zentrum dieses neuen Denkens.

Lockes Denken fand Eingang in die Medizin, unter anderem bei William Cullen, dem Doyen der blühenden medizinischen Fakultät an der Universität von Edinburgh, der ein psychologischeres Paradigma von Wahnsinn vorstellte. Indem er Wahnsinn im Grunde auf die übermäßige Reizung der Nerven zurückführte, sah Cullen akute Gehirnaktivität als Auslöser von Verwirrtheit. Wahnsinn (lateinisch *vesania*) war demzufolge ein Nervenleiden, das bei »einer gewissen Ungleichmäßigkeit in der Erregung des Gehirns« auftrat; Cullen prägte den Begriff »Neurose« als Bezeichnung für jede Krankheit, die von einer solchen Störung des Nervensystems hervorgerufen wurde. (Bei Freud hat sich die Bedeutung von »Neurose« natürlich grundlegend gewandelt.) Doch innerhalb dieses somatischen Modells war Wahnsinn für Cullen auch »eine ungewöhnliche und meist übereilte Verknüpfung von Ideen«, die zu »falschen Urteilen« führte und »unverhältnismäßige Gefühle« hervorrief – mit anderen Worten, es war eine *geistige* Störung, wenn auch in dynamischer Neurophysiologie begründet. Die psychologische Inspiration dazu kam von Cullens Freund, dem Philosophen Daivd Hume, der Lockes Theorie der Sinneseindrücke und der Verknüpfung von Ideen als fundamental für alle intellektuellen Vorgänge betrachtete. Cullens Bedeutung liegt also in seiner Leistung, das Geistige wieder in den medizinischen Diskurs über Wahnsinn integriert zu haben. Seine Lehren sollten sich als höchst einflußreich erweisen.

Um 1780 wurde der Bruch mit früheren somatischen Theorien über Wahnsinn (zum Beispiel bei Boerhaave) unverkennbar. Thomas Arnold, der unter Cullen studiert und später die Leitung eines Irrenhauses in Leicester übernommen hatte, begründete in seinen *Observations on the Nature, Kinds, Causes and Prevention of Insanity, Lunacy and Madness* (1782–1786; *Beobachtungen über die Natur, Arten, Ursachen und Verhütung des Wahnsinns oder der Tollheit*) – auf der Basis von Lockes Philosophie des Geistes – eine Nosologie (Klassifizierung) des Wahnsinns. Diese unterschied zwischen »idealem« (passivem) Wahnsinn (manifestiert durch Halluzinationen, Sinnestäuschungen oder Wahnbilder) und »imaginärem« (aktivem) Wahnsinn (Einbildungen, Selbsttäuschungen bzw. Wahnvorstellungen). Auch Alexander Crichton bedankte sich »bei unseren britischen Psychologen, wie etwa Locke, Hartley, Reid, Priestley, Stewart, Kames«, als er in *An Inquiry into the Nature and Origin of Mental Derangement* (1798; »Eine Untersuchung der Natur und Ursache geistiger Störung«) die Auffassung vertrat, die Psychiatrie müsse auf einer Philosophie des Geistes beruhen.

Dieses neue Modell, das Wahnsinn als psychischen Zustand begriff, wies auf ein anderes Objekt psychiatrischer Forschung hin: Anstelle der Körperorgane hatte der Arzt die Psyche zu untersuchen, die sich im Verhalten des Patienten manifestierte. Das dafür notwendige Studium von Fallgeschichten erforderte systematische psychologische Beobachtung und veränderte die alte Kunst der Pflege von Wahnsinnigen grundlegend. Die Jahre nach 1770 sahen eine Welle von psychiatrischen Veröffentlichungen dieser Art, zur Hauptsache von Besitzern privater Irrenhäuser, wie etwa William Perfects *Methods of Cure, in Some Particular Cases of Insanity* (1778; »Methoden der Behandlung einiger bestimmter Fälle von Wahnsinn«). Solche Häuser waren anfangs sehr diskret, doch änderte sich dies, als das neue Denken die Beobachtung des einzelnen Patienten und die Veröffentlichung der Erkenntnisse nicht nur forderte, sondern auch lobte. Auch die Behandlung von Georgs III. erstem Anfall durch Francis Willis hob das Psychologische hervor, und die Wiederherstellung des »wahnsinnigen Königs« stimmte zuversichtlich.

Das ausklingende Jahrhundert sah im gesamten aufgeklärten Europa eine bemerkenswerte Verbindung neuer psychologischer Überzeugungen und reformerischer Therapien in der Form der »moralischen Behandlung«. Die führende britische Institution, das York Retreat, wurde schon in Kapitel 5 behandelt. Ein weiterer Pionier war der Florentiner Arzt Vincenzo Chiarugi, der von den Reformen des aufgeklärten Großherzogs der Toskana Peter Leopold angespornt wurde. Wie er in seinem großen, dreibändigen Werk *Della pazzia in genere e in ispecie. Trattato medico-analitico con una centuria di osservazioni* (1793/94; *Abhandlung über den Wahnsinn*)

21 Der Florentiner Arzt Vincenzo Chiarugi (1759–1820) führte die moralische Behandlung in Italien ein. Stich von de Lasimo, 1804.

22 Die acht Frauen im Garten des Hôpital de la Salpêtrière symbolisieren die Zustände Demenz, Megalomanie, akute Manie, Melancholie, Schwachsinn, Halluzination, erotische Manie und Paralyse. Lithographie von A. Gautier, 1857.

ausführte, beeinflußten körperliche Zustände die Tätigkeit der Sinne und das Nervensystem, und als Folge davon den Geist. Seine Feststellung, daß das »sensorium commune« zwischen dem Intellekt und den Sinnen, zwischen Körper und Seele vermittelte, bot eine psycho-physiologische Lösung für den alten, kartesianischen Geist/Körper-Dualismus an. Mit seinen Überlegungen zur Ätiologie des Wahnsinns folgte Chiarugi der aufgeklärten Meinung, daß Geistesstörungen erworben, nicht ererbt seien, und er setzte große Hoffnungen in eine Heilung, die auf humaner Betreuung statt primär auf medizinischen Mitteln basierte. Er lehnte die Anwendung von Zwang ab und propagierte die größere Wirksamkeit der »moralischen Kontrolle«, einer Therapie, bei der der Arzt mittels seines Charakters, seiner Erfahrung und als moralisches Beispiel auf den Patienten einwirkte.

Am Hôpital de Bicêtre, dem größten öffentlichen Irrenhaus für Männer in Paris, und am Hôpital de la Salpêtrière, dem Pendant für Frauen, führte der Arzt Philippe Pinel ähnliche psychologische Methoden ein. Seine Betonung psychogener Faktoren stützte sich auf Erkenntnisse der Aufklärung: Die empirische post mortem Beobachtung und Untersuchung der Gehirne von Wahnsinnigen förderte keine Beweise für strukturelle Abnormitäten zutage. Außerdem war Pinel philosophisch gesehen ein Ideologe, beeinflußt von Locke und Condillac. Im Gegensatz zu Locke jedoch zielte sein *traitement morale* auf die affektive, nicht die intellektuelle Seite der Psyche.

Während er an der traditionellen Unterteilung des Wahnsinns in Melancholie, Manie, Schwachsinn und Demenz festhielt, entwickelte Pinel neue Krankheitskategorien. Seine *manie sans délire*, später *folie raisonnante* genannt, beschrieb eine partielle Geistesgestörtheit: Die Betroffenen waren nur in einer Hinsicht verrückt. Das bedeutete, daß nur die Persönlichkeit gestört, der Verstand aber gesund war. Wie andere Vertreter der moralischen Therapie auch war Pinel ein Optimist: Echte organische Gehirnerkrankungen mochten unheilbar sein, doch funktionelle Störungen wie Melancholie oder »Manie ohne Delirium« waren für psychologische Methoden empfänglich. Sein *Traité médico-philosophique sur l'aliénation mentale* (1801; *Philosophisch-medicinische Abhandlung über Geistesverwirrungen oder Manie*), in dem er sein Denken über die moralischen Ursachen und die Behandlung von Wahnsinn darlegte, wurde ins Englische, Spanische und Deutsche übersetzt und erwies sich als äußerst einflußreich.

Psychiatrie in Frankreich

Pinels bevorzugter Schüler war Jean-Etienne Dominique Esquirol (1772–1840), dessen *Des maladies mentales* (1838; *Von den Geisteskrankheiten*) der herausragende psychiatrische Text seiner Zeit war. Zwar bestätigte Esquirol im Prinzip die organische Natur psychischer Störungen, doch konzentrierte er sich wie schon sein Mentor auf psychosoziale Auslöser. Er entwickelte die Diagnose »Monomanie« zur Beschriebung eines partiellen Wahnsinns in der Form affektiver (besonders paranoider) Störungen und definierte Erscheinungen wie Kleptomanie, Nymphomanie und Pyromanie, die im Frühstadium nur vom Fachmann erkannt werden konnten. Esquirol verteidigte das Irrenasyl als therapeutisch sinnvolles Instrument. Als Experte in deren Konzeption plante er zum Beispiel das staatliche Asyl in Charenton, dessen Direktor er wurde. (Hier weilte für kurze Zeit auch der alte Marquis de Sade.)

Esquirol setzte das Prinzip der französischen Krankenhausmedizin – die aufmerksame klinische Beobachtung – in die psychiatrische Praxis um und entwickelte anhand umfangreicher Fallstudien einflußreiche Beschreibungen von Illusion, Halluzination und moralischem

Wahnsinn. Er zeichnete auch für die Ausbildung der nächsten Generation französischer Psychiater verantwortlich, die später selbst von sich reden machen sollten: Etienne J. Georget, der über zerebrale Lokalisation schrieb, Louis Florentin Calmeil, der die Dementia paralytica beschrieb (das Leitsymptom der progressiven Paralyse, der Spätform der Syphilis), Jacques Joseph Moreau de Tours, ein Pionier der Degenerationslehre (über ihn im folgenden mehr), und Jean-Pierre Falret und Jules Baillarger, die zwar gegensätzliche, aber auch sich ergänzende Darstellungen des manisch-depressiven Zyklus vorlegten. (Falret nannte ihn *folie circulaire*, Baillarger *folie à double forme.*)

Möglich gemacht wurden Esquirols neue Klassifizierung und Diagnose von Wahnsinn durch die in Hülle und Fülle vorhandenen Daten der Irrenanstalten, die es den Diagnostikern erlaubten, klar unterschiedene Profile psychischer Erkrankungen zu erstellen, um diese anhand ihrer Symptome zu identifizieren. Die Beobachtung von Anstaltspatienten führte sowohl in der Theorie wie in der Praxis zu immer präziseren Differenzierungen, und man konnte Epileptiker nun endlich und sicher von Wahnsinnigen unterscheiden. Esquirol selbst verfaßte eine verbesserte Beschreibung des *petit mal* (eines kleinen epileptischen Anfalls), und sein Schüler Calmeil beschrieb die *absence*, wobei er zwischen einer vorübergehenden geistigen Verwirrung und den Anfängen eines *grand mal* (eines großen epileptischen Anfalls) unterschied. Esquirol richtete ein spezielles Krankenhaus für Epileptiker ein; bis 1860 wurden solche Einrichtungen auch in Großbritannien und in Deutschland gegründet, und 1891 öffnete das erste derartige Haus der USA in Gallipolis, Ohio seine Tore.

Im Jahr 1822 erklärte Antoine Laurent Bayle den als allgemeine Paresie der Geisteskranken (ein Symptom der Spätsyphilis) bekannten Zustand. Obwohl der Erreger der Syphilis noch unbekannt war (das Zeitalter der Bakteriologie war noch nicht angebrochen), stützten die neurologischen und psychischen Kennzeichen der allgemeinen Paresie (insbesondere Euphorie und Größenwahn), in Verbindung mit den bei der Autopsie vorgefundenen Veränderungen, Esquirols Überzeugung, daß sich psychische Störungen mit Hilfe der Techniken entdecken ließen, die der große Anatom René Théophile Hyacinthe Laennec entwickelt hatte.

Eng mit der allgemeinen Paresie verwandt ist Tabes dorsalis (Rückenmarksschwindsucht), eine im neunzehnten Jahrhundert weitverbreitete Krankheit, die in den Brennpunkt der neuropathologischen Forschung rückte. Sie war Gegenstand einer überragenden klinischen Studie von Guillaume Benjamin Duchenne (veröffentlicht 1858), die den syphilitischen Ursprung der Krankheit belegte. Seine Beschreibung von Tabes war so vollständig, daß man das Leiden bald »Duchenne-Krankheit« nannte. Er war auch bei der Beschreibung vieler anderer neurologischer Störungen mit Persönlichkeitsveränderungen federführend, so etwa bei der progressiven Muskelatrophie oder der lokomotorischen Ataxie (einer motorischen Koordinationsstörung).

Duchennes Zeitgenosse Jean-Martin Charcot (1825–1893), klinischer Professor für Neurologie an der Salpêtrière, war der berühmteste Lehrer der *Belle Époque*, und seine Klinik wurde zum Mekka für Neurologen und Psychiater. (Auch Freud studierte dort bei ihm.) Seine *Leçons sur les maladies du système nerveux faites à la Salpêtrière* (1872–1873; *Klinische Vorträge über Krankheiten des Nervensystems*) brachten Ordnung in die Nosologie jener Formen psychischer Störungen, die in die Domäne der Psychiatrie übergingen.

Charcot war kein Irrenarzt (*alienist*) wie Pinel oder Esquirol und entgegen einem weitverbreiteten Irrtum auch nicht ausschließlich mit Hysterie befaßt. Er war in erster Linie ein leidenschaftlicher Neurologe (daher der Spitzname »Napoleon der Neurosen«), dem am Einsatz pathoanatomischer Techniken gelegen war, um Ordnung in das Chaos der neurologischen Symptomgruppen zu bringen.

Leiden wie Epilepsie, allgemeine Paralyse und Tabes dorsalis, räumte er in seinem Buch ein, »begegnen uns wie Sphingen«, die »den eingehendsten anatomischen Untersuchungen« widerstanden. Er führte enorme klinische Untersuchungen durch, um den Zusammenhang zwischen den bizarren Symptomen von Abnormitäten mit organischen Läsionen zu belegen: Tics, Migräne, epileptiforme Anfälle, Aphasie (Sprach- und Sprechstörung), Mutismus, Somnambulismus, Halluzinationen, Kontrakturen und andere Krankheiten. Er war überzeugt, daß klinische Beobachtung die Geschichte und die Gesetze einer weitverzweigten Familie verwandter neuropsychischer Leiden aufdecken werde: Chorea, Zuckungen, Sklerose, Neurosyphilis, Schläfenlappenepilepsie und zahlloser weiterer Neuropathien. »Diese Erkrankungen bilden pathologisch gesehen keine eigenständige Gruppe, die anderen physiologischen Gesetzen folgt als den üblichen«, betonte er. Ein anderer bedeutender Teil seiner Arbeit war die Weiterentwicklung von James Parkinsons Grundlagen zur Schüttellähmung. Es war Charcot, der den Begriff Parkinson-Krankheit prägte.

Charcot betonte auch, daß Hysterie kein undurchdringliches Rätsel, sondern, wie jede andere neurologische Störung, von eindeutigen, gesetzmäßigen, vorhersehbaren klinischen Manifestationen gekennzeichnet sei. Mit seinem ungehinderten Zugang zu den klinische Daten der Salpêtrière mobilisierte er eine regelrechte Forschungsindustrie und spielte eine entscheidende, wenn auch ambivalente Rolle in der Entwicklung der modernen Psychiatrie.

Psychiatrie in Deutschland

Die Fürstentümer, aus denen Deutschland vor seiner Einigung bestand, entwickelten jeweils eigene, angesehene Irrenanstalten. Besondere Erwähnung verdient die Illenau in Baden, wo ein Pionier der Sexualpsychiatrie, Richard von Krafft-Ebing (1840–1902), frühe klinische Erfahrungen sammelte. Anders als in Frankreich oder in Großbritannien war die Psychiatrie in Deutschland in erster Linie an die Universitäten und deren Forschungsmentalität gebunden. Dies mag der Grund dafür sein, daß in der deutschsprachigen Psychiatrie heftige theoretische Kontroversen zwischen den rivalisierenden Lagern der »organischen« und »psychologischen« Richtung entbrannten.

Zu Beginn des neunzehnten Jahrhunderts entwickelte Johann Christian Reil (1759–1813; er prägte den Begriff

»Psychiatrie«) ein holistisches Modell, das sich aus der romantischen Beschäftigung mit den irrationalen Tiefen der Psyche herleitete. Als Arzt brachte er Wahnsinn mit den Nerven und dem Gehirn in Zusammenhang, doch seine psychodynamisch argumentierenden *Rhapsodieen über die Anwendung der psychischen Curmethode auf Geisteszerrüttung* (1803) schlugen eine idiosynkratische Variante der moralischen Behandlung vor: Der charismatische Irrenarzt dominiere den verirrten Geist, und ein im Schauspiel geübtes Personal unterstüzte die Anstrengungen des Irrenarztes, um die fixen Ideen des Patienten zu durchbrechen. All dies wurde ergänzt um heilsame Dosen therapeutischen Schreckens (flüssiges Siegelwachs auf die Handflächen geträufelt, Eintauchen in einen Zuber voller Aale usw.).

Psychologische Ansätze wurden auch von Johann Christian August Heinroth (1773–1843) und Karl Ideler (1795–1860) entwickelt, die beide stark von der romantischen Beschäftigung mit dem inneren Bewußtsein geprägt waren. Der lutheranische Pietist Heinroth, Professor der Medizin in Leipzig, betrachtete geistige Störungen aus religiöser Sicht und lehnte die Idee körperlicher Ursachen ab. »In den allermeisten Fällen«, behauptet er in seinem *Lehrbuch der Störungen des Seelenlebens* (1818), »ist es nicht der Körper, sondern die Seele selbst, aus der geistige Störungen direkt und in erster Linie entspringen.«

Heinroth verknüpfte Geisteskrankheit mit Sünde und argumentierte, beide seien freiwillig und darum schuldhafte Abwendungen von der göttlichen Gabe des freien Willens. In der moralischen Behandlung war der Wahnsinnige der gesunden und frommen Persönlichkeit des Ir-

23 Der bedeutende Neurologe und Psychiater Jean-Martin Charcot (1825–1893) erlangte mit seinen theatralischen Vorführungen von Hysterie große öffentliche Aufmerksamkeit.

renarztes auszusetzen. Wie bei Reil waren auch bei ihm sanfte Therapien mit heftigem Schock, Zwangsbehandlung und Bestrafung zu kombinieren. Jeder Fall erforderte eine individuelle Diagnose und Behandlung, bis der

Patient nach und nach die Selbstbeherrschung wiedererlangte.

Wenig später versuchte der Wiener Arzt Ernst von Feuchtersleben (1806–1849), die psychologische und die somatische Richtung zu einer persönlichkeitsorientierten Psychiatrie zu vereinen, die er als ehrgeizige Synthese aus Neurophysiologie, Psychologie und Psychotherapie darstellte. Sein Modell, das »Psychopathie« als Krankheit der ganzen Persönlichkeit darstellte, ähnelte dem modernen Konzept der Psychose.

Andere deutsche und österreichische Psychiater dagegen lehnten die spekulativen Phantasien von »Psychikern« wie Heinroth ab. Sie taten diese als spekulatives, antiwissenschaftliches romantisches Geschwafel ab und wandten sich einer organischen Richtung zu. Öl ins Feuer der Debatte um Natur und Ursachen des Wahnsinns gossen die Wiener Anatomen Franz Joseph Gall (1758–1828) und Johann Caspar Spurzheim (1776–1832) mit ihrer pseudowissenschaftlichen Theorie der Phrenologie. Der Phrenologie zufolge war das Gehirn der Sitz des Geistes und bestimmte und offenbarte die Persönlichkeit. Das Gehirn selbst bestand aus über dreißig separaten »Organen« (Habgier, Sexualität, Frömmigkeit und dergleichen), von denen jedes in einem bestimmten Bereich der Hirnrinde angesiedelt war. Die Größe jedes Organs bestimmte die Stärke seiner Aktivität, die Form des Schädels verriet die Gestalt des darunterliegenden Gehirns, und die Oberflächenstruktur (Hügel und Täler) der »Wölbungen« determinierte die Persönlichkeit.

Fromme Kritiker verdammten die Phrenologie als materialistisch und jagten den begabten Anatomen Gall

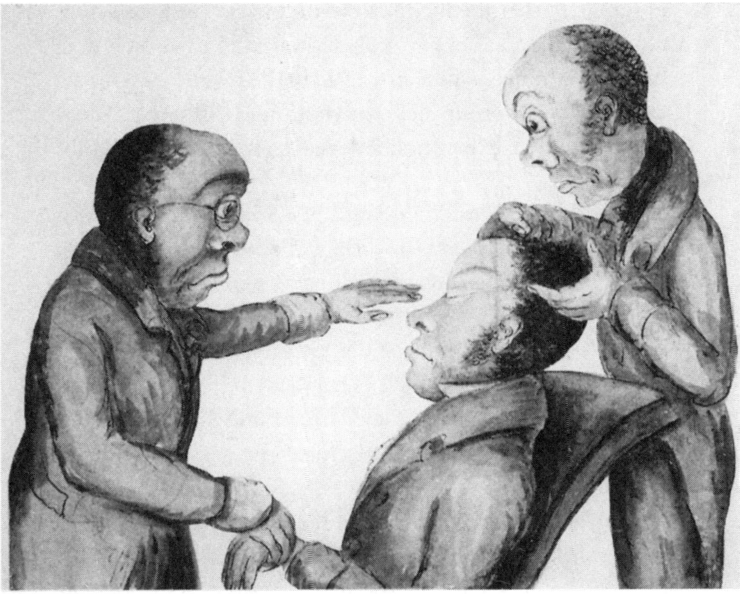

24 Franz Joseph Gall und Johann Caspar Spurzheim, die Begründer der Phrenologie, untersuchen einen Patienten, indem sie die Wölbungen auf seinem Kopf befühlen. Wasserfarbe, frühes neunzehntes Jahrhundert.

1805 aus der Stadt. Dennoch erlangte sie nicht nur unter Ärzten, sondern auch in der Öffentlichkeit internationale Aufmerksamkeit, denn sie schien ein probates Mittel, sich selbst zu verstehen. Und sie gefiel vielen Irrenärzten, weil sie eine echte biomedizinische Basis für geistige Störungen schuf. Medizinischer Materialismus jeder Art – also die Idee einer körperlichen Grundlage des Wahnsinns – stützte den Anspruch der Ärzte, die

Psychiatrie den medizinisch qualifizierten und bewilligten Forschungslabors vorzubehalten, und er verlieh dem bunten Sammelsurium körperlicher Anwendungen, die das Handwerkszeug des Berufsstandes bildeten (Sedative, Bäder, Abführmittel, Aderlaß), eine gewisse Glaubwürdigkeit.

Der Pionier unter den deutschen Somatikern war Maximilian Jacobi (1775–1858), während Johann Baptist Friedreich (1796–1862) in seinem *Versuch einer Literaturgeschichte der Pathologie und Therapie der psychischen Krankheiten* (1830) die Grundlagen der ätiologischen Annahmen festhielt. Den bedeutendsten Impuls, ihre Richtung und ihr Gewicht erhielt die somatische Psychiatrie jedoch vom Berliner Professor Wilhelm Griesinger (1817–1868). Er war ein enthusiastischer Anhänger des Materialismus, der der experimentellen Elektrophysiologie von Heimholtz und du Bois-Reymond zugrunde lag. In seinem Buch *Die Pathologie und Therapie der psychischen Krankheiten* (1845) behauptete er forsch: »Geisteskrankheiten sind Gehirnkrankheiten.« Seine Behauptung, man habe »in den psychischen Krankheiten jedes Mal Erkrankungen des Gehirns« zu erkennen, förderte die Erforschung der Gehirnpathologie, mit der Absicht, den genauen Ort der Geisteskrankheit auf der Hirnrinde zu bestimmen. Die Konzentration auf somatische Ursachen solcher Erkrankungen kurbelte die wissenschaftliche Forschung an und gab möglicherweise auch den Patienten jene Würde zurück, die sie durch die Diagnose ›Wahnsinn‹ teilweise verloren hatten. Für Griesinger war es zentral, die Beschäftigung mit Geisteskrankheiten nicht von der übrigen Medizin zu trennen, sondern sie zu einem integrierenden Bestandteil derselben zu machen – ein Ruf, den man in der bewegten Geschichte der Psychiatrie immer wieder hörte.

Griesinger war der Überzeugung, daß Geisteskrankheiten typischerweise progressiv verliefen und sich aus depressiven Störungen zu schwerwiegenderen Zuständen entwickelten. Eine solche Entwicklung spiegele ein Muster zugrundeliegender körperlicher Abnormitäten wider, das mit übermäßigen Hirnreizungen beginne, zu chronischer, irreversibler Gehirndegeneration führe und in der für Demenz typischen Auflösung des Selbst ende. Die Betonung des fortschreitenden Niedergangs aus normalen in pathologische psychische Prozesse sowie des progressiven Verlaufs psychischer Krankheiten wurde später von Emil Kraepelin (1856–1926) aufgenommen.

Besonders mit der Forderung, Psychiatrie und Neurologie in akademischen, neuropsychiatrischen Kliniken zusammenzuführen, bestimmte Griesinger die Richtung der akademischen Psychiatrie in Deutschland. Unterstützt von den beiden prestigeträchtigsten Errungenschaften der medizinischen Ausbildung in Deutschland, den Polikliniken und den Forschungsinstituten, blühte die universitäre Psychiatrie nach 1850 in den deutschsprachigen Ländern auf. Anders als die Irrenhausleiter in England oder in den USA verbrachten deutsche Hochschulpsychiater ihre Tage und Nächte kaum je an der Seite ihrer Patienten; ihr Ehrgeiz war theoretischer und investigativer Natur, nicht bürokratischer und therapeutischer. Das primäre Ziel der universitären Psychiatrie war das wissenschaftliche Verständnis der Krankheiten, das mittels systematischer Beobachtung, Experimente und Sektion zu erreichen war.

Griesingers Nachfolger in Berlin, Carl Westphal und später Theodor Meynert, Carl Wernicke und ihre Mitarbeiter, vertraten eine nüchterne, in angesehenem wissenschaftlichem Materialismus verwurzelte, mit Histologie, Neurologie und Neuropathologie verbundene Psychiatrie. Ihre systematischen Forschungen förderten viel Spezialwissen an den Tag, zum Beispiel das Westphal-Zeichen (den Verlust des Kniereflexes bei Nervenkrankheiten).

Theodor Meynert (1833–1892) verbrachte seine ganze Karriere als Professor der Psychiatrie in Wien, aus dessen berühmter Schule er auch hervorgegangen war. Er war im Grunde Neuropathologe und stützte sich stark auf mikroskopische Untersuchungen; aus Protest gegen gewisse mentalistische Wischiwaschi-Konnotationen der »Psychiatrie« gab er seinem Lehrbuch *Psychiatrie* (1884) den Untertitel *Klinik der Erkrankungen des Vorderhirns.* Ein zentraler Grundsatz seiner Lehre war, daß jeder Stimulus, der das zentrale Nervensystem erreichte, eine korrespondierende Zone in der Hirnrinde reizte. Es gelang ihm, einige Bahnen nachzuweisen, auf denen kortikale Zellen untereinander und mit tiefer liegenden Zellen des Gehirns kommunizierten. Außerdem entwickelte er auf der Basis seiner histopathologischen Studien die systematische Klassifizierung der Geisteskrankheiten weiter. Auf der Ebene der Theorie war er ein geradliniger Somatiker, in der Praxis jedoch, wenn sein organisches, neuroanalytisches Programm irgendwo auf Grund lief, nahm er zu einigen reichlich nebulösen Gebilden Zuflucht, darunter beispielsweise der Vorstellung eines primären und eines sekundären Egos zur Beschreibung von Verhaltens- und Wahrnehmungsstörungen.

Mit dem Meynert-Schüler Carl Wernicke (1848 bis 1905) erreichte die deutsche Neuropsychiatrie ihren Höhepunkt. Seine lebenslange Beschäftigung mit Hirnlokalisationen – der Kartierung von Zonen der Hirnrinde, die für bestimmte Funktionen zuständig sind – war auf ein unstillbares Interesse an der Aphasie (zentrale Sprachstörung) zurückzuführen. Er fand heraus, daß Patienten nach einem Schlaganfall im hinteren perisylvischen Teil des Gehirns die Fähigkeit verloren, gesprochene Sprache zu verstehen oder selbst verständlich zu sprechen. Dieses Phänomen wurde als Wernicke-Aphasie bekannt, der betroffene Bereich des Gehirns als Wernicke-Zentrum. In seinem enorm einflußreichen dreibändigen *Lehrbuch der Gehirnkrankheiten* widmete sich Wernicke dem Konzept der cerebralen Dominanz, und er versuchte, psychische Symptome auf Gehirnabnormitäten zurückzuführen.

Degeneration

Die deutschen Somatiker trauten der Wissenschaft große Dinge zu; sie sezierten Gehirne und legten sie unter das Mikroskop, und sie suchten in Tierversuchen Erklärungen für die pathophysiologischen und neurologischen Mechanismen psychischer Störungen. Ihr Anspruch war es, einzelne Funktionsweisen auf bestimmte Strukturen und deren Läsionen zurückzuführen. In bezug auf Behandlungsmethoden dagegen waren sie alles andere als ambitioniert, und sie schämten sich nicht, den Krankheiten mehr Aufmerksamkeit zu schenken als den Kranken.

Diese Haltung war unter anderem auf die schiere Zahl der Anstaltsinsassen zurückzuführen, mit denen sie konfrontiert waren, denn die Irrenasyle füllten sich überall mit jenen hoffnungslosen Fällen, die an organischen Erkrankungen litten, in erster Linie an allgemeiner Paresie. Der aus der Erfahrung abgeleitete therapeutische Nihilismus führte zu einem neuen Glauben an Erbkrankheiten. Pinel und andere Befürworter der moralischen Therapie und der Asylreform hatten die Wirksamkeit früher Therapierung und die Beeinflußbarkeit durch die Umgebung betont; am Ende des Jahrhunderts jedoch trübte die zahlenmäßige Zunahme von Langzeitpatienten diese Hoffnungen, und die Überprüfung des familiären Hintergrundes deutete auf erbliche psychopathische Anlagen. Derartige Überlegungen wurden von zwei Psychiatern zu einer Degenerationshypothese zusammengefaßt, dem Esquirol-Schüler Jacques-Joseph Moreau de Tours (1804–1884) und Bénédict Augustin Morel (1809–1873). In eine ähnliche Richtung ging in England der düster-geniale Henry Maudsley (1835–1918), der im Grunde zwar Anhänger von Darwins Evolutionstheorie war, sich aber auch stark mit dem Überleben der Untüchtigen in der modernen Gesellschaft beschäftigte.

Morel war Arzt in zwei großen Irrenasylen, in Mareville und in St-Yon. In seinem Werk *Traité des dégénérescences physiques et morales* (1857; »Traktat über physische und moralische Degenerationen«) wurde die Degeneration zu einem wichtigen Erklärungsprinzip. Erbdegeneration werde durch organische und soziale Faktoren hervorgerufen, verstärke sich im Verlauf der

Generationen und führe zu Schwachsinnigkeit und schließlich und glücklicherweise zu Sterilität. Eine typische Familiengeschichte der Degeneration zeigte einen Niedergang, der bei Neurasthenie oder nervöser Hysterie anfing und über Alkoholismus und Betäubungsmittelsucht, Prostitution und Kriminalität in den Wahnsinn und zu schierer Idiotie führte. War eine Familie erst einmal im Niedergang begriffen, gab es keine Hoffnung mehr.

Der Alkoholismus, ein 1852 vom Schweden Magnus Huss (1807–1890) beschriebenes Konzept, bot sich als Modell für die Degeneration an, kombinierte er doch das Körperliche mit dem Moralischen, war unter armen Wahnsinnigen weit verbreitet und führte angeblich zum Charakterzerfall. Valentin Magnan (1835–1916) seinerseits verknüpfte Morels Theorien mit der Evolutionsbiologie und formulierte die Losung: »Entwickle dich, oder geh zugrunde.« Diesen Gedanken verarbeitete Emile Zola in seinem naturalistischen Roman *L'Assommoir* (1877; *Der Totschläger*), in dem Magnin sogar selbst als Irrenarzt vorkommt. Die Degenerationstheorie entsprach der Stimmung in Frankreich nach der Niederlage gegen Preußen im Krieg von 1870 und der anschließenden blutigen Pariser Kommune. Sie spiegelte auch die Ängste der bürgerlichen Bevölkerung wider, die sich vor proletarischem Aufruhr und Sozialismus fürchtete.

Griesinger positionierte sich in der Tradition Morels, während Meynert, Wernicke und andere Gehirnpsychiater die Dokumentation der erblichen Dimension von Wahnsinn fortführten. Meynerts Wiener Nachfolger Richard von Krafft-Ebing war ein ausgesprochener Verfechter des Degenerationsgedankens. In seiner *Psy-*

25 Der Wiener Psychiater Richard von Krafft-Ebing (1845–1902) verdankt seinen Ruf in erster Linie seinen Studien über sexuelle Perversionen und Psychopathologie. Photogravüre, ca. 1900.

chopathia Sexualis (1866), der grundlegenden Studie über sexuelle »Perversion« (Sodomie, Exhibitionismus, Fetischismus, Sadomasochismus, Transvestismus und dergleichen) und »Inversion« (Homosexualität), klassifizierte er derartige sexuelle Erscheinungen und verschiedene andere »Störungen« als konstitutionelle Degeneration.

Auch Paul Julius Möbius (1853–1907) hing der Degenerationshypothese an. Bei der Untersuchung der angenommenen Zusammenhänge zwischen Genie und Wahnsinn (siehe Kapitel 4) konzentrierte er sich besonders auf die *dégénérés supérieurs*, also Menschen mit abnormalen Fähigkeiten. Als besonders unverhohlener Misogyn in einem Berufsstand, der die geistigen Fähigkeiten von Frauen ohnehin systematisch herabsetzte, interessierte er sich speziell für Hysterie und pathologische Sexualität. Frauen seien Sklaven ihrer Körper, erklärte er in seinem Buch *Über den physiologischen Schwachsinn des Weibes* (1900; Zitat: »der Instinkt nun macht das Weib tierähnlich«), und behauptete, hohe Intelligenz sei bei diesem Geschlecht so selten, daß sie eindeutig degenerativ sei. Möbius war überdies ein Anhänger der Theorie der erblichen Degeneration, und seine diesbezügliche Klassifizierung psychischer Leiden trug ihm die Bewunderung Emil Kraepelins ein.

In Italien nahm der Psychiater und Kriminologe Cesare Lombroso (1836–1909) Morels Ideen auf. Lombroso sah Kriminelle und Geisteskranke als evolutionäre Rückschläge und degeneriert an, erkennbar an körperlichen Stigmata wie niedriger Stirn oder hervorstehendem Unterkiefer. Ähnliche körperliche Merkmale degenerativer Makel wiesen laut Lombroso auch nicht-europäische Rassen, Menschenaffen und Kinder auf.

Eine etwas optimistischere Lesart ähnlicher Tendenzen finden wir, nicht ganz überraschend, in der Neuen Welt, wo George Miller Beard (1839–1883) das Konzept der Neurasthenie verbreitete. Diese verstand er als eine Art Nervenzusammenbruch, ausgelöst durch den hektischen Druck der hochentwickelten Zivilisation, die den Vorrat an »Nervenkraft« beim einzelnen aufbrauchte. »Amerikanische Nervosität ist das Produkt der amerikanischen Zivilisation«, sagte er in einer Mischung aus Stolz und Bedauern. Das Überhandnehmen der Neurasthenie im modernen Zeitalter sei kein Wunder, erklärte er, hätten Telegraphie, Eisenbahn, Presse und der gnadenlose Konkurrenzkampf an der Wall Street das Leben doch unerträglich hektisch, anstrengend und strapaziös gemacht. Die Zivilisation fordere das Nervensystem in einer Weise, für die es von Natur aus gar nicht geschaffen sei. Wie seinerzeit die englische Krankheit (eine Form der Depression oder Melancholie) im achtzehnten Jahrhundert befiel die Neurasthenie vorwiegend die Eliten und war ein Merkmal für die Zivilisation und ihre Probleme. Silas Weir Mitchell (1829–1914) setzte Beards Ideen in die Praxis um. Seine »Weir Mitchell-Behandlung« versuchte, die Erschöpfungszustände der Neurastheniker mit Bettruhe, strikter Isolation, Aufpäppeln mit Milchpudding und passiver Massage zu bekämpfen.

Doch auch in Amerika hat diese Geschichte dunkle Kapitel. Der Prozeß gegen den Präsidentenmörder Charles Guiteau im Jahr 1881 stellte Fragen wie Erblichkeit, Kriminalität und moralischen Wahnsinn ins Rampenlicht der Öffentlichkeit, nachdem die Psychiater der Verteidigung ihre Aussage mit dem Hinweis begründet hatten, Guiteau sei degeneriert. Um 1900 gab es Interessengruppierungen, die Zwangsverwahrung, Sterilisation und andere eugenische Maßnahmen sowie den

Einsatz der Psychiatrie bei der Einwanderungskontrolle forderten. Psychiatrisch begründete Sterilisationen wurden in den USA lange vor Nazideutschland praktiziert.

Auch die Neurastheniediagnose wurde nach Europa exportiert. In den Niederlanden und in Deutschland ordnete man sie in der Regel den Neurosen zu, während Pierre Janet (1859–1947) in Frankreich eine eigene Variante namens Psychasthenie beschrieb. In Großbritannien scheint sie – wahrscheinlich aufgrund des traditionellen angelsächsischen Widerstandes gegenüber jeglicher Nachsicht bei psychischer Schwäche – weniger Resonanz gefunden zu haben.

Psychiatrie und Gesellschaft

Nach 1800 erlangte die Psychiatrie in allen entwickelten Nationen eine gewisse Öffentlichkeit (wenn auch wenig Prestige und viel Mißtrauen), die Psychiater fanden in Universitäten (besonders in Deutschland) und in Irrenhäusern Anstellung. »Erwachsen« wurde die Psychiatrie um die Mitte des Jahrhunderts, als sich die »alienists«, also die Irrenärzte, zusammenschlossen und spezialisierte Organisationen gründeten. In England erfolgte dieser Zusammenschluß im Jahr 1841 mit der Gründung der Association of Medical Officers of Asylums and Hospitals for the Insane, die das *Asylum Journal* (1853) herausgab (1858 umbenannt in *Journal of Mental Science*). In der Folge wurde daraus die (Royal) Medico-Psychological Association und schließlich, 1971, das Royal College of Psychiatrists. Der Vorläufer der American Psychiatric Association wurde 1844 als Association of Medical Superintendents of American Institutions for the Insane aus der Taufe gehoben. Viele Fachzeitschriften tauchten auf, zum Beispiel die *Annales médico-psychologiques* in Frankreich und das *Archiv für Psychiatrie und Nervenkrankheiten*, das Griesinger ins Leben gerufen hatte.

Es war unvermeidlich, daß die Psychiater auch im öffentlichen Leben eine bedeutendere Rolle zu spielen begannen, vor allem in den Gerichtssälen. Wahnsinnige und »Idioten« waren schon seit langem Mündel des Staates, und es wurde weitgehend akzeptiert, daß Verrückte für ihre Taten nicht verantwortlich gemacht werden konnten und von der Bestrafung für kriminelle Handlungen ausgenommen waren. Als James Hadfield 1799 wegen Mordversuchs an König Georg III. angeklagt war, ließ sich das Gericht vom Verteidiger überzeugen, der Angeklagte habe unter religiösen Wahnvorstellungen gelitten, und brach den Prozeß ab. (Hadfield war der Überzeugung, daß die Welt nur mit seinem Tod gerettet werden könne und daß er für die Ermordung Georgs III. hingerichtet würde.) So war es in England möglich geworden, »unschuldig infolge Wahnsinns« zu urteilen, was zur Verwahrung der Angeklagten hinter psychiatrischen Schlössern und Riegeln führte.

Kriminalität von Wahnsinn zu unterscheiden war nie als Aufgabe der Medizin verstanden worden, denn vor Gericht hatten sonst immer Freunde und Familie ausgesagt. Dies änderte sich im Verlauf der ersten Jahrzehnte des neunzehnten Jahrhunderts, als psychiatrische Experten zu behaupten begannen, »partiellen« Wahnsinn erkennen zu können, insbesondere in der Form von Monomanien (nach Esquirol), die dem Auge des Laien verborgen bleiben mußten.

Das Thema Unzurechnungsfähigkeit wurde in Großbritannien zunehmend kontroverser beurteilt, nachdem der Prozeß gegen Daniel M'Naghten, der den Privatsekretär von Premierminister Sir Robert Peel ermordet hatte, im Jahr 1843 aus diesem Grund abgebrochen worden war. Der anschließende öffentliche Aufschrei veranlaßte das House of Lords zum Erlaß neuer Richtlinien betreffend Unzurechnungsfähigkeit. Die M'Naghten Rules von 1844 machten den Antrag auf Unzurechnungsfähigkeit von der Unfähigkeit des Angeklagten abhängig, Recht von Unrecht unterscheiden zu können. Dies nahm jenen Psychiatern der Esquirol-Schule den Wind aus den Segeln, die als Begründung für einen entsprechenden Antrag einen »unwiderstehlichen Impuls« als ausreichend anführten, also eine von einem getrübten Wahrnehmungsvermögen unabhängige Emotions- und Willensstörung. In Frankreich dagegen spielten solche »unwiderstehlichen Impulse« ebenso wie partieller und zeitweiser Wahnsinn eine große Rolle bei den Anträgen auf Wahnsinn und *crime passionelle*. Diskussionen über Unzurechnungsfähigkeit – wer ist böse? wer ist verrückt? – betonten die Konflikte zwischen juristischen und psychiatrischen Modellen des Menschen, das öffentliche Ansehen der Psychiatrie blieb dubios.

7 Die Wahnsinnigen

Ein Dialog unter Tauben?

»Die eine Hälfte der Menschheit weiß nicht, wie die andere lebt«, beginnt die Autobiographie eines britischen Psychiatriepatienten vom Anfang des zwanzigsten Jahrhunderts, die mit »Warmark« unterzeichnet ist. Die Reichen würden die Armen nicht verstehen und die Atheisten nicht die Gottesfürchtigen, doch die hermetischste aller Erfahrung, so »Warmark«, sei jene, den Verstand verloren zu haben. Sind die Äußerungen der Wahnsinnigen überhaupt ernst zu nehmen?

Einige Experten sagen nein: Die Sprache der Geisteskranken sei sinnloses Geplapper. Die Psychiatrie habe eine falsche Wendung genommen, argumentierten die angesehenen britischen Psychiater Richard Hunter und Ida Macalpine 1974:

> Heute wird angenommen, daß die Psychopathologie von der normalen Psychologie abgeleitet und als Ausdruck gestörter inter- bzw. intrapersonaler Beziehungen verstanden werden könne und daß sich diese Beziehungen durch Umerziehung oder in einer Psychoanalyse mit Schwerpunkt auf der gestörten emotionalen Entwicklung des Patienten korrigieren lassen. Trotz aller Anstrengungen, die diesem Ansatz gewidmet wurden, trotz aller Publikationen waren die Resultate bisher bescheiden bzw. nicht beweiskräftig und unterscheiden sich gewaltig von dem, was die Medizin der Psychiatrie gegeben hat und immer noch gibt. [Der Grund dafür liegt darin, daß] Patienten Opfer ihres Gehirns, nicht ihres Geistes sind. Um aus diesem medizini-

schen Ansatz Kapital zu schlagen, muß die Psychiatrie umschwenken, weg vom Zuhören und hin zum Beobachten.

Es ist sicher bezeichnend, daß die beiden Autoren in ihrer umfassenden Studie zum Wahnsinn von König Georg III. (*George III. and the Mad-Business*, 1969) den Phantasien, die er im Zustand der Verwirrung äußerte (zum Beispiel die Angst, das sündige London werde in einer Sintflut untergehen), keine psychiatrische Bedeutung beimaßen.

Ihr Aufruf, die Psychiatrie müsse sich vom Zuhören abwenden, darf sicher nicht als Unmenschlichkeit ausgelegt werden; er ist die logische Konsequenz ihres von vielen anderen geteilten psychiatrischen Credos. Hunter und Macalpine glaubten nicht, daß Geisteskrankheiten psychogen seien. Folglich waren die Äußerungen der Wahnsinnigen einfach nur Rufe der Verzweiflung, die aber nicht unbedingt Rückschlüsse auf die Natur dieser Verzweiflung zuließen. Man komme den Geisteskrankheiten nicht auf die Spur, indem man entschlüssele, was die Irren sagten, argumentierten die beiden Psychiater, denn Wahnsinn habe einen biologischen Ursprung.

Bedeutende Strömungen innerhalb der Psychiatrie verstärkten die Tendenz, die Geisteskranken zum Schweigen zu bringen, insbesondere in den Anstalten. Seit der wissenschaftlichen Revolution wurde der Mensch von wichtigen Denkschulen als Maschine verstanden; die Äußerungen und Klagen der Gestörten galten als sekundäre Manifestationen, wie etwa das Quietschen und Rumpeln eines defekten Motors: Es stimmt etwas nicht, aber was gesagt wird, ist unwichtig. So oder so: Die Methoden der Naturwissenschaften schrieben Beobachtung und Objektivität vor, und nicht Interaktion und Interpretation.

Die lautesten Patienten wurden in die hintersten Kammern verlegt, und nur allzu oft kam zum Wegsperren auch das Weghören, denn niemand schenkte ihren Äußerungen noch irgendeine Beachtung. Die Kommunikation verschwand jetzt genauso wie früher die Exkommunikation. Beim Besuch eines irischen Irrenhauses um 1850 wurden die Inspektoren von einem Insassen mit dem Ausruf bedrängt: »Sie haben mir die Sprache genommen.« Ähnlich erging es dem romantischen Dichter John Clare, der jahrzehntelang in verschiedenen Institutionen eingesperrt war und eine neue Sprache für seine Verse erfand. Auf die Frage nach den Gründen antwortete er:

> Nun, sie haben mir den Kopf abgeschnitten und alle Buchstaben aus dem Alphabet genommen – alle Vokale und Konsonanten – und haben sie durch die Ohren herausgeholt; und dann soll ich Gedichte schreiben! Das kann ich nicht.

Er war nicht der einzige, der protestierte. John Perceval (1803–1876), der Autor von *A Narrative of the Treatment Received by a Gentleman, During a State of Mental Derangement* (1838–1840; »Ein Bericht über die Behandlung, die ein Gentleman während eines Zustands der geistigen Verwirrtheit erfuhr«), dem vielleicht scharfsinnigsten und treffendsten Bericht, der je von einem ehemaligen Patienten über das Leben im Asyl geschrieben wurde, äußerte ähnliche Klagen. Während seiner Studienzeit in Oxford durchlief der Sohn des ermordeten Premierministers Spencer Perceval die Bekehrung zu einer extremen evangelikalen Sekte, der zufolge der Heilige Geist in einer dem Altgriechischen ähnelnden Sprache zu den Gläubigen sprach. Bald wurde er von einem gleichermaßen dämonischen wie göttlichen Pandämonium der Sprachen heimgesucht. Seine Familie hielt ihn für wahnsinnig und brachte ihn in eine Irrenanstalt, was ihm wenigstens erlaubte, »zu brüllen oder zu singen, wie mich meine Geister hießen«.

Während seines achtzehnmonatigen Aufenthalts in zwei angesehenen und teuren Asylen fand Perceval heraus (so seine Erfahrung), daß das medizinische Personal nie auf seine Bitten hörte und ihn kaum wie ein menschliches Wesen ansprach – und schon gar nicht wie einen englischen Gentleman. Er rächte sich, indem er schwieg. In der entstehenden Stille

> benahmen sich die Menschen, wie wenn mein Körper, meine Seele und mein Geist ihrer rechtmäßigen Kontrolle überlassen seien, um ihren Mutwillen und ihre Torheit an mir auszulassen. Mein Schweigen muß Zustimmung bedeutet haben. Das heißt, man hat mir nie gesagt, das und das werden wir tun; wir halten es für ratsam, diese oder jene Medizin anzuwenden, auf diese oder jene Weise; ich wurde nie gefragt, wollen Sie irgend etwas? Wünschen Sie oder bevorzugen Sie etwas? Haben Sie Einwände gegen das eine oder das andere?

Er wurde behandelt, als sei er »ein Möbelstück, ein Holzbild, ohne Wunsch oder Wille oder eigenes Urteil«. Er war überzeugt, daß die Weigerung der Behörden, mit ihm zu sprechen, therapeutisch kontraproduktiv war.

Andere ehemalige Patienten notierten ähnliche Erfahrungen. In einem von zwei britischen Unterhausabgeordneten 1957 veröffentlichten Bericht mit dem Titel *A Plea for the Silent* (»Ein Plädoyer für die Stillen«) wird die Erfahrung der Ausgrenzung einer Insassin zitiert:

> Es war mir nicht erlaubt, meiner besten Freundin zu schreiben, um ihr zu sagen, wo ich bin ... Die Angestellten ignorierten mich ... Ich dachte, dies sei eine neue Methode zur Erforschung der Geisteskrankheit; doch ich bin zum Schluß gekommen, daß es der herzlose Glaube war, die Wahnsinnigen könnten nicht leiden und daß jedes Problem, das die Kranken erwähnen, »eingebildet« sein muß.

In zahllosen Memoiren von Geisteskranken finden wir die Behauptung, es gebe (in Percevals Worten) »Vernunft im Wahnsinn«, ihre Gedanken seien kohärent und sollten angehört werden. Welchen Wert aber dürfen wir den Zeugnissen derart verrückter Menschen zubilligen? Die handgeschriebene Autobiographie Goodwin Whartons, eines Granden aus dem siebzehnten Jahrhundert, versichert uns, er habe seine Geliebte Mary Parish 106 Mal geschwängert, er habe Liebschaften mit drei englischen Königinnen gehabt und der Allmächtige persönlich habe ihm aufgetragen, das Königreich wieder zu bevölkern.

Und wem sollen wir glauben, wenn wir verschiedenen Realitäten gegenüberstehen? In *The Interior of Bethlehem Hospital* (1818; »Das Innere von Bethlehem Hospital«) beschreibt der ehemalige Insasse Urbane Metcalf (der behauptet hatte, der Erbe des dänischen Throns zu sein) das Bethlem-Asyl als korrupt und gewalttätig. Umgekehrt wird Metcalf von den Anstaltsbüchern als Querulant bezeichnet. Historiker müssen in solchen Fällen zwischen den Zeilen lesen und auf diese Weise zu einem eigenen Urteil gelangen: Zweifel an der Realität öffnen den Blick auf Intersubjektivitäten, die nie eindeutig gewesen sind. Nehmen wir Freuds »Wolfsmann«, den Russen Sergej Pankejeff als Beispiel. Er begegnet uns drei Mal, zuerst 1920 in Freuds Analyse von Pankejeffs Traum von weißen Wölfen mit buschigen Schwänzen, psychoanalytisch als Erinnerung einer Urszene decodiert, dem Geschlechtsverkehr der Eltern vor den Augen des Kleinkindes. Das nächste Mal taucht er in der Diskussion über seine zweite, von Ruth Mack Brunswick durchgeführten Analyse auf, in einem Band mit einem Vorwort von Anna Freud (die, genau wie Mack Brunswick, ebenfalls von ihrem Vater analysiert worden war), wo Mack Brunswick behauptet, beide Analysen seien erfolgreich gewesen. Schließlich wurde Pankejeff in den 1960er Jahren von der Journalistin Karin Obholzer interviewt. Auf ihre Frage, was er von Freuds Interpretation seines Traumes halte, antwortete er: »Sie ist furchtbar weit hergeholt.« Diese letzte Äußerung zu dem Fall hat einen grundlegend anderen Tenor als die früheren, doch weder Freuds »Wolfsmann« noch Mack Brunswicks »Wolfsmann« noch des Wolfsmannes »Wolfsmann« dürfen zum Nennwert genommen werden. Wir sind also vor den Gefahren einer eindimensionalen Perspektive gewarnt.

Untersuchen wir nun die Gedanken eines Anstaltspatienten, teilweise in der Form seiner eigenen, von seinem Arzt aufgeschriebenen Worte.

James Tilley Matthews war ein Teehändler aus London. Wie Wordsworth war er von der Aufbruchstimmung nach der Französischen Revolution begeistert und reiste 1793 voller Hoffnungen nach Paris. Er hatte sich eine persönliche Friedensmission gegen den Krieg zwischen England und Frankreich in den Kopf gesetzt. Nach einer Audienz bei Lord Liverpool, einem erfahrenen Minister der Regierung von Premier Pitt, bereitete sich Matthews auf Verhandlungen mit den französischen Behörden vor, doch die jakobinische Machtergreifung machte seine Pläne zunichte, und er wurde ins Gefängnis gesteckt.

Nach seiner Freilassung im März 1796, auf dem Weg zurück in die Heimat, war er überzeugt, als einziger von einem heimtückischen Plan der Franzosen zu wissen, wonach »jedes Geheimnis der britischen Regierung an die Franzosen verraten werden solle, um Großbritannien und Irland zu Republiken zu machen«. Die Geheimwaffe der Franzosen sei der Mesmerismus, glaubte Matthews, damals der letzte Schrei in Paris. Er war überzeugt, daß Gruppen »magnetischer Spione« England infiltriert hatten. Bewaffnet mit »air-looms«[1] – Maschinen zur Ausstrahlung von animalischem Magnetismus –, hätten sie sich an strategischen Orten »in der Nähe des Parlaments, des Marine- und des Schatzamtes usw.« aufgestellt, um Mitglieder der Regierung zu hypnotisieren, damit sie

[1] »Air« = Luft, »loom« = Webstuhl oder Webmaschine. »Air-loom« bezeichnet einen Apparat mit unsichtbarer Übertragungsmechanik. (Anm. d. Ü.)

»besessen« würden und sich »wie unter einem Zauberspruch, wie Puppen« verhielten.

Weil er in all dies eingeweiht war, stand Matthews' Name zuoberst auf der Todesliste der vermeintlichen Verschwörer. Eine Bande aus sieben Mitgliedern sei darauf aus, ihn mit ihrer hypnotischen »Überfallswissenschaft« auszulöschen; die damit verbundenen Qualen umfaßten Grausamkeiten wie »Fußkrümmung, Lethargischmachen, Funkenexplosion, Knienageln, Ausbrennen, Augenverdrehen, Blenden, Aufknüpfen, Lebenskraftausreißen, Faserzerreißen usw.«. Die extreme Lebensgefahr, in der er sich wähnte, erklärt die Dringlichkeit, mit der er nach seiner Rückkehr Lord Liverpool vor den jakobinischen Plänen warnte. Der Minister scheint skeptisch oder gar nicht reagiert zu haben, denn Matthews schrieb ihm am 6. Dezember 1796 einen weiteren Brief, der mit den Worten begann: »Ich erkläre Ihre Lordschaft in jedem Sinn des Wortes zu einem höchst diabolischen Verräter.«

Weil er Liverpools »Verrat« erkannte, eilte er zum Unterhaus, wo er das Ministerium der »verräterischen Bestechlichkeit« bezichtigte. Nach einer Untersuchung durch den Geheimen Rat wurde er im Januar 1797, trotz der Beteuerungen seiner Familie, die ihn für gesund hielt, vom Justizminister in Bethlem eingewiesen.

Dort fühlte sich Matthews seinen Verfolgern schutzlos ausgeliefert. Er richtete einen Rekurs an das Universum, den er mit den Worten begann: »James, Absoluter, Einziger, Höchster, Heiliger, Allgebietender, Erzgroßer, Erzfürst ... Erzherrscher«, und versprach jenen, die seine Feinde umbrachten und ihn befreiten, Belohnungen, die jeder Beschreibung spotteten: Er begann bei »dreihunderttausend Pfund Sterling« für den Kopf des Königs von Norwegen und Dänemark und ging bis zu einer Million Pfund für den Zaren, für den Kaiser von China und den König von Spanien. Matthews gab detaillierte Instruktionen zur Methode (»Ich bevorzuge das Aufhängen am Hals bis zum Tode mit anschließender öffentlicher Verbrennung«) und entschuldigte sich gleichzeitig für die Grausamkeit des Ganzen. Er erklärte, es sei »bedauerlich ... wen auch immer zum Tode verurteilen zu müssen«; doch die Notwendigkeit gebiete es ihm, »zu bestrafen, nicht zu begnadigen«.

Doch er blieb eingesperrt. 1809 drängte seine Familie erneut auf seine Freilassung, und zwei angesehene Ärzte, Dr. Birkbeck und Dr. Clutterbuck, bezeugten seine geistige Gesundheit. Doch das medizinische Personal von Bethlem stellte sich dem entgegen und berichtete, er sei so besessen wie eh und je, »manchmal wie ein von Menschenhand gesteuerter Automat, und manchmal wie der Herrscher der ganzen Welt, der die Usurpatoren seiner Herrschaft von ihren Thronen schleudert«.

Die beste Methode, um Matthews' anhaltende Wahnvorstellungen und die Notwendigkeit seiner Verwahrung zu beweisen, liege darin, den Patienten selbst sprechen zu lassen, sagte der Apotheker von Bethlem, John Haslam. Darum veröffentlichte er – unter Verwendung von Schriftstücken, die sein Patient eigenhändig verfaßt hatte – Matthews' Geschichte unter dem boshaften Titel: *Illustrations of Madness: Exhibiting a Singular Case of Insanity, And a No Less Remarkable Difference in Medical Opinions: Developing the Nature of an Assailment, And the Manner of Working Events; with a Description of the Tortures*

Experienced by Bomb-Bursting, Lobster-Cracking, and Lengthening the Brain. Embellished with a Curious Plate (1810; »Beispiele des Wahnsinns: Darstellung eines einzigartigen Falles von Geisteskrankheit, und eine nicht weniger bemerkenswerte Uneinigkeit der medizinischen Meinungen: Erläuterung der Natur einer Befallenheit, und der Art der Anfälle; mit einer Beschreibung der Qualen bei Bombenexplosionen, beim Hummerknacken und Gehirndehnen. Verziert mit einer ausgefallenen Abbildung«).

Dies war, wie schon Haslams Titel verrät, ein weiterer Fall, bei dem nicht nur der Irre, sondern auch der Irrendoktor keinen Verstand bewies. »Weil Wahnsinn das Gegenteil ist von Vernunft und Verstand und sich zu diesen verhält wie hell zu dunkel oder gerade zu krumm«, so Haslam mit offenkundigem Spott, »erscheint es doch wunderbar, daß man zwei völlig unterschiedliche Auffassungen vom selben Sachverhalt haben kann.« Waren Clutterbuck und Birkbeck also so verrückt wie Matthews?

Matthews verbrachte noch mehrere Jahre in Bethlem. Und am Ende war es nicht er, der »entlassen« wurde, sondern Haslam. Als das Parlament 1815 den Zustand der englischen Irrenhäuser untersuchte, erwies sich Bethlem als durch und durch korrupt; Haslam selbst gab zu Protokoll, der Anstaltsarzt John Monro sei praktisch nie anwesend und der kurz zuvor verstorbene Chirurg Bryan Crowther jahrelang ständig betrunken und so gestört gewesen, daß er in eine Zwangsjacke gesteckt werden mußte. Haslam wurde verantwortlich gemacht, erhielt einen Verweis und wurde 1816 entlassen.

Möglicherweise war es diese Erfahrung, die seinen Meinungsumschwung bewirkte, denn Jahre später erklärte Haslam die Gesellschaft als ganze für verrückt. In seiner Aussage in einem Gerichtsverfahren, bei dem auf Unzurechnungsfähigkeit plädiert wurde, erklärte er nicht nur den Angeklagten für verrückt, sondern auch jedermann sonst – allenfalls mit Ausnahme des Allmächtigen. (Hohe anglikanische Geistliche hätten ihn Gottes gesunden Verstandes versichert, bemerkte er respektvoll.) In Haslams Darstellung steckt Matthews' Geschichte voller Spiegelungen und Doppelungen: Jeder ist auf seine Weise Betrüger und Betrogener, verwirrt und mißtrauisch bis hin zur Paranoia. Der Verstand war unendlich trügerisch geworden.

Protest

Ein Aufschrei des Protests zieht sich durch die Schriften von Geistesgestörten wie ein roter Faden. Die Autoren behaupten, niemals verrückt gewesen zu sein, und falls doch, dann seien sie einzig durch die barbarische Behandlung, der sie ausgesetzt wurden, wahnsinnig geworden. Mit der Zunahme der Anstaltsverwahrungen wurden auch diese Proteste lauter, und die Aufschreie, in denen frühere Insassen ihre gesunde geistige Verfassung verteidigten und dunklen Mächten böse Schikanen unterstellten, reichte von den bereits besprochenen Gedichten von James Carkesse bis zu den Anklagen gänzlich unbekannter Personen.

Samuel Bruckshaw war ein Kaufmann aus Stamford in Lincolnshire, der im Jahr 1770 mehrfach mit den örtlichen Behörden aneinandergeriet. Er hielt sich für das

Opfer einer Verschwörung, die darauf aus war, ihn um sein Eigentum zu bringen. Seine Widersacher, schrieb er, hätten ihn unter Gewaltanwendung zweier Chirurgen nach Ashton-under-Lyne in Lancashire gebracht, wo er ungefähr neun Monate »als Gefangener« in Wilsons privatem Asyl eingesperrt gewesen sei, auf einem Dachboden ohne Kamin, von den Wärtern beschimpft, ohne Bewegung und dürftigst ernährt. Seine Briefe wurden abgefangen, doch schließlich erlangte er dank der Intervention seines Bruders seine Freiheit wieder. Er sei nicht einmal zum Schein behandelt worden.

Bruckshaw verteidigte sich später in zwei Pamphleten, *The Case, Petition and Address of Samuel Bruckshaw, who Suffered a Most Severe Imprisonment for Very Nearly a Whole Year* (»Fall, Anklage und Bittschrift des Samuel Bruckshaw, der während fast eines ganzen Jahres eine höchst strenge Gefangenschaft erduldete«) und *One More Proof of the Iniquitous Abuse of Private Madhouses* (»Ein weiterer Beweis für den schändlichen Mißbrauch in privaten Irrenhäusern«), beide im Jahr 1774 veröffentlicht. Die Auslegung dieser Schriften gestaltet sich äußerst heikel. Bruckshaw stellt sich als Lamm dar, das durch eine teuflische Verschwörung seiner Mitbürger zur Schlachtbank geführt wird. Doch sein Ton ist, gelinde gesagt, zänkisch, voller Unterstellungen und streitsüchtig. Und obwohl er seinen gesunden Verstand verteidigte, gab er zu, während seiner Verwahrung geisterhafte Stimmen gehört zu haben. Dieser und viele andere Fälle müßten von einem unvoreingenommenen Psychohistoriker untersucht werden, um zwischen echter Verfolgung und Paranoia zu unterscheiden – oder beide zu erkennen.

In *A Mind That Found Itself* (1908; *Eine Seele, die sich wiederfand*) stellt sich Clifford Beers als vorbildlicher amerikanischer Junge aus einer echten amerikanischen Familie dar, die von den frühesten Siedlern abstammte. Im Jahr 1901, im Alter von 25 Jahren, wurde er »neurasthenisch« (vgl. Kapitel 6) und unternahm, geschwächt und verzweifelt, wie er war, einen halbherzigen Selbstmordversuch. Seine Familie erkannte, daß er Behandlung benötigte, und brachte ihn nach Stamford Hall, ein privates »Sanatorium«. Bis zu diesem Zeitpunkt war der junge Mann einfach nur neurasthenisch gewesen; doch nun begann er unter Halluzinationen zu leiden und glaubte, Opfer einer hinterlistigen Verschwörung zu sein: Die sich als seine Familie ausgaben, seien tatsächlich getarnte Detektive.

Beers erinnerte sich später, wie seine Paranoia durch tägliche Erfahrung gerechtfertigt schien. Die grobe Behandlung, der man ihn aussetzte, schien böswillige Folterung zu sein, die einen »vernünftigen Mann in die Brutalität« treiben konnte. »Meine Wärter waren nicht in der Lage, meinen Geist zu verstehen«, schrieb er, »und was sie nicht verstehen konnten, haben sie auch selten geduldet.« Jedermann verstand seinen Wahnsinn als Einladung zur Gewalt, doch in Wirklichkeit, versicherte er, hätte sich ein vernünftiges Gespräch sehr positiv auf seinen Zustand auswirken können.

Obwohl man ihm nicht mit Vernunft begegnete, erholte er sich einigermaßen. 1901 verbrachte er einige Zeit mit einem privaten Wärter und wurde 1902 ins Hartford Retreat verlegt, ein anderes privates, aber billigeres Asyl, das in besseren Tagen (siehe Kapitel 5) die moralische Therapie eingeführt hatte. Beers wurde weiter von seinen Einbildungen umgetrieben: Er sah sich unter »Polizeibeobachtung«, in einem Asyl voller »Detektive, die Wahnsinn vortäuschten«, glaubte, sein Essen sei vergiftet und seine Freunde und Familie seien nichts als Strohmänner der Polizei.

Seinen gesunden Verstand erlangte er nicht dank seiner Psychiater wieder, sondern dank eines Mitpatienten. Beers war der Täuschung erlegen, sein Bruder sei ein Heuchler. Ein Mitinsasse riet ihm, er solle den Bruder auf die Probe stellen und ihm einen Brief schreiben. Beers folgte dem Rat, worauf sein Bruder mit dem Brief in der Hand aufkreuzte. Es fiel ihm wie Schuppen von den Augen. »Unwahrheit wurde Wahrheit«, Unverstand machte dem Verstand Platz. Er fühlte sich neu geboren. »Mein Geist schien sich selbst wiedergefunden zu haben.« In der Folge begann er eine private neue Zeitrechnung, die mit seiner »Wiedergeburt« begann.

Die Depression wurde zur Euphorie. Beers sah sich als Genie, als Künstler oder als Pianist. Und er tat seine neue Selbstsicht kund. Es folgten monatelange Auseinandersetzungen mit Ärzten, er begann, Forderungen zu stellen, und wurde, wenn diese nicht erfüllt wurden, zu einem destruktiven Unruhestifter. Laut seinen eigenen Aufzeichnungen lag dies nicht daran, daß er grundsätzlich unkontrollierbar geworden sei, sondern an der grausamen Behandlung, die sein Verhalten provozierte. Er erfuhr den ganzen Schrecken der Zwangsjacke, die ihm zur Disziplinierung angelegt wurde. Ein angeblich sadistischer Assistenzarzt (ein »Dr. Jekyll und Mr. Hyde«) verordnete aus purer Boshaftigkeit Zwangsernährung und Medikation. Beers fing an, jede Ungerechtigkeit zu notieren, mal auf irgendwelchen Papierfetzen, dann wieder indem er auf Wände kritzelte, als Zeugnis für die Verbrechen gegen die Menschlichkeit und als Vorbereitung für seine große Mission – der »Retter« der Wahnsinnigen zu werden.

Als die finanziellen Mittel der Familie aufgebraucht waren, wurde Beers in eine staatliche Institution gebracht, das Connecticut Hospital for the Insane, wo man ihn schmählich als »mittellos« klassifizierte. Einmal mehr wurde er vom Personal tyrannisiert, er fühlte sich »von allen verlassen«. Doch er kämpfte dagegen an. »Ich ging dazu über, die Kontrolle über das gesamte Hospital zu übernehmen.« Beers schmuggelte Briefe an den Gouverneur des Staates hinaus, in denen er Untersuchungen über die Zustände und Grundrechte für Geisteskranke forderte, und er entwarf utopische Pläne zur Veränderung der Welt bei seiner Freilassung.

Am 10. September 1903 wurde er schließlich entlassen. Er nahm seine Arbeit als Handelsreisender wieder auf und begann mit seiner Anstaltsbiographie – er diktierte rund 80000 Wörter[1] in 90 Stunden. Er war scharfsinnig genug zu erkennen, daß er für eine maximale Wirkung des Buches Freunde brauchte, nicht Feinde. Er begann, sein Werk einflußreichen Geschäftsleuten zu zeigen, Ärzten und Psychiatern, und erlangte die Unterstüt-

---

[1] 80000 englische Wörter entsprechen über 200 Manuskriptseiten nach heutiger (deutscher) Norm. (Anm. d. Ü.)

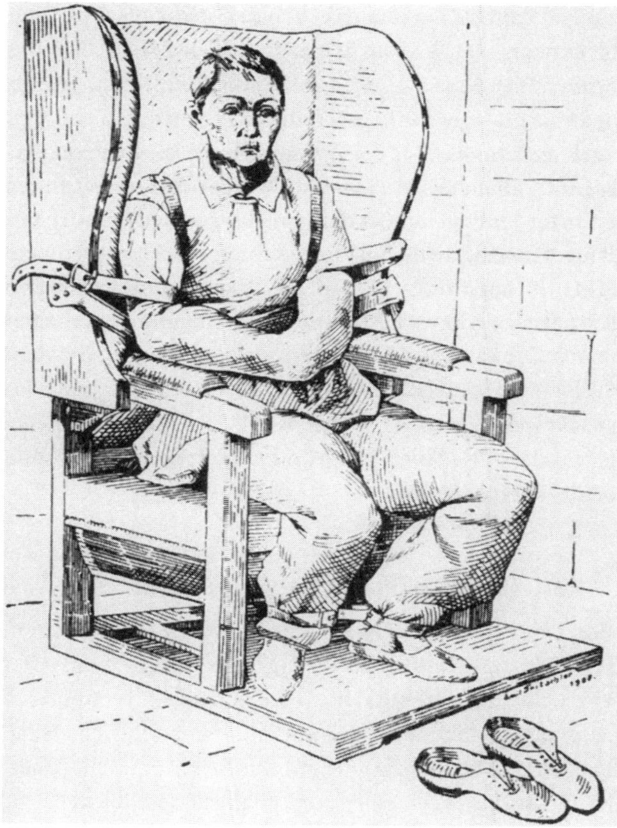

26 Ein geisteskranker Patient in einer Zwangsjacke, an einen Stuhl gefesselt. Solche Zwangsstühle sollten Wahnsinnige ruhigstellen, indem sie sie der Möglichkeit beraubten, sich durch heftige Bewegung zu erregen. Holzstich, 1908.

zung mächtiger Persönlichkeiten des medizinischen Establishments wie William James und Weir Mitchell. Als *A Mind That Found Itself* 1908 endlich erschien, war es nicht nur Klageschrift gegen die Vergangenheit, sondern auch ein Entwurf für die Zukunft, für seinen Traum, das Mental Hygiene Movement. Während der folgenden zwanzig Jahre gelang es dem prototypischen Handelsreisenden Beers, seine Vision Psychiatern, Politikern und Philanthropen zu verkaufen – die Vision eines nationalen Kreuzzuges gegen Geisteskrankheit, angeführt von einer neuen Organisation, dem National Committee for Mental Hygiene, dessen Geschäftsführer, Vordenker und Musterbeispiel er selbst werden sollte. Seine Geschichte lehrt, daß der Spieß umgedreht, daß der Patient zum Heiler werden kann.

Verheiratet mit Gott

Beers Buch war ein Protestschrei. Andere Aufzeichnungen von »Wahnsinnigen« dagegen waren wohl eher Versuche, ihre fremdartigen Erfahrungen verständlich zu machen – der Welt, vermutlich aber auch sich selbst. Die erste Autobiographie in englischer Sprache überhaupt ist das Werk einer Analphabetin (sie diktierte sie einem Schreiber), die einer verständnislosen Öffentlichkeit die Wahrheit über ihre religiösen Entrückungen kundtat.

Margery Kempe, 1373 geborene Tochter eines wohlhabenden Bürgers von King's Lynn, beschrieb den Wahnsinn als eine gottgesandte Qual und Ekstase. Ihr erster Anfall der Verstörung (nach der Geburt ihres ersten Kindes) sei ein glücklicher Fingerzeig gewesen, um sie, die stolze junge Frau, die für die Verlockungen des Teufels empfänglich war, zurechtzuweisen. In Seiner unendlichen Güte habe der Allmächtige sie wieder zur Vernunft gebracht und sie von der Sünde errettet. Noch stand sie aber mit beiden Füßen in dieser Welt, und erst der Niedergang ihrer Brauerei (ihr Bier wurde »glücklicherweise« schal) führte sie von der Schlechtigkeit weg und hin zur Demut.

Nach der Wochenbettpsychose und der Unternehmenspleite erfuhr Margery Kempe einen überwältigenden Ruf, der Welt zu entsagen. Sie war überzeugt, im Himmel gehe es, im Gegensatz zu den Verhältnissen auf der Erde, »fröhlich« zu. Ihren Bemühungen, göttlichen Fingerzeigen zu folgen, begegnete man feindselig: »Frau, gib dies Leben auf, das du führst, geh und spinne und kämme Wolle, wie andere Frauen es tun«, sagten die Weltlinge.

Abgestoßen vom Fleisch, suchte Margery Erlösung von den menschlichen Fesseln. Sie fastete, tat Buße und kleidete sich in ein härenes Gewand. Vor allem aber strebte sie danach, sich von der Sklaverei des Geschlechts zu befreien, denn sie wußte, wie widerwärtig Gott die Freuden waren, die ihr Mann und sie bei fleischlichen Genüssen empfanden. Sie sagte ihrem Mann, sie liebe jetzt nur noch Gott, und bat ihn, einen Keuschheitspakt zu akzeptieren. Erst als sie sich bereit erklärte, seine Schulden zu bezahlen, willigte er ein, auf seine ehelichen Rechte zu verzichten.

Trotz dieser versuchten Demut blieb sie hochmütig: »Sie dachte, sie liebe Gott mehr, als daß Er sie liebe«, erinnerte sie sich später. In jenem Zustand ging sie dem Teufel leicht in die Falle. Er habe sie mit Unzucht versucht: Ein Mann machte Annäherungsversuche, sie, geschmeichelt, gab nach, nur um im letzten Moment verschmäht zu werden. Erniedrigt habe sie um Jesu' Vergebung gebettelt; sie sei ihr gewährt worden, und der Retter habe ihr lebenslange Demut zugesichert. Danach galt ihr die Bedrängnis als geheimes Zeichen der Heiligkeit.

Sie hatte jetzt Visionen, begleitet von heftigen Weinkrämpfen, die sie bis ans Ende ihrer Tage heimsuchen sollten. Insgeheim nahm sie Büßern auch die Beichte ab (was sonst den Priestern vorbehalten ist). Ein »Wunder« rettete sie, als ein Stück Mauerwerk von einer Kirchendecke fiel und sie traf, aber nicht verletzte.

Margerys religiöser Eifer trug ihr öffentliche Vorwürfe ein. Man verabscheute ihre Weinkrämpfe, scholt sie eine »falsche Heuchlerin« und riet ihren Freunden, sie zu meiden. Außerdem wurde sie beschuldigt, den Teufel in sich zu tragen und eine »falsche Lollardin« zu sein – also eine Ketzerin. Doch solche Prüfungen bestärkten sie in ihrer Gewißheit, das Göttliche in sich zu tragen. Wenn sie von den Leiden Christi hörte, verfiel sie in ekstatischen Taumel und schwelgte in göttlicher Musik. Der Herr nenne sie Seine Mutter, Schwester und Tochter, behauptete sie.

Anfangs war Margery beunruhigt. Konnten diese Stimmen und Visionen Versuchungen des Teufels sein? Sie suchte Hilfe bei der Mystikerin Juliana von Norwich, die ihr jedoch versicherte, dies seien keine Einbildungen, sondern wahrhaftige Offenbarungen Gottes. Margerys

Vertrauen in ihre religiöse Bestimmung wuchs, und sie kam in den Ruf einer Frau mit einer göttlichen Berufung. Sie erlangte geringe prophetische Kräfte: Eines Tages sagte sie einen schrecklichen Sturm voraus, und ein solcher kam.

Schließlich brach sie zu einer Pilgerfahrt ins Heilige Land auf. Die Nähe zu den Schauplätzen von Christi Leiden ließ sie mehr denn je weinen und wehklagen und »mit ihrem Körper kämpfen«. Manche fanden sie voller Falschheit und Heuchelei oder sahen in ihr eine Epileptikerin. Andere warfen ihr Trunkenheit vor, während wieder andere glaubten, sie sei von einem bösen Geist besessen. Ihre englischen Pilgergefährten empfanden sie als Ärgernis, mit ihrem anhaltenden Wehklagen und den dauernden Vorwürfen gegen sie, so daß sie sie manchmal aus ihrer Gruppe verstießen. Ähnlich erging es ihr in England. »Böses Gerede« über sie nahm zu, viele sagten, sie trage den Teufel in sich. Sie zog als selbsternannte Heilige im Land umher, beschimpfte das Unheilige und rief Frauen dazu auf, ihre Männer zu verlassen und Gott zu folgen, womit sie den Argwohn der Behörden erregte und eine Gefängnisstrafe riskierte.

Und in dieser ganzen Zeit wuchs ihre Liebe zu Gott immer mehr. Zufällig wollte sie mit angehört haben, wie Gott der Vater und Jesus sich über sie unterhielten. Sie begann sich zunehmend auf Jesu Männlichkeit zu fixieren, doch war es zum Schluß Gottvater persönlich, der sie heiratete: »Ich muß mit dir intim sein und mich zu dir ins Bett legen«, habe der Herr zu ihr gesagt; »nimm mich an wie deinen angetrauten Mann. (...) Küsse meinen Mund und meinen Kopf und meine Füße so zärtlich, wie du willst.« Doch auch die früheren sexuellen Versuchungen traten wieder auf; bald wurde sie von entsetzlichen Visionen heimgesucht, in denen sie sich bedrohlichen männlichen Genitalien hingeben sollte, die der Teufel heraufbeschworen hatte. Zeitweise fühlte sie sich gänzlich verlassen, erholte sich aber jeweils wieder. Ein anderes Mal wurde sie vom Verlangen überwältigt, männliche Leprakranke zu küssen; von ihrem Beichtvater erhielt sie den Rat, sich an Frauen zu halten.

Wie sollen wir Margery verstehen? War sie von einer Wochenbettpsychose verstört oder eine Mystikerin? Trotz moderner Versuche, ihr eine heutige psychische Krankheit anzuhängen, gibt es keinen Schlüssel zu ihrem Geist und keinen sicheren Weg, ihr Leben zu verstehen. Sie wußte, daß ihre Stimmen und Visionen von vielen als Wahnsinn gedeutet wurden, ausgelöst von Krankheiten oder dem Teufel; darüber dachte sie nach und suchte Rat. Der Weg, den zu gehen sie sich entschloß – eine mystische Vereinigung, ja Heirat mit Gott –, war im Rahmen des damals verbreiteten Glaubens durchaus zulässig, wenn auch äußerst leicht mißzuverstehen.

Wahnsinn sichtbar machen

Die Gestörten haben sich nicht nur verbal, in unzähligen autobiographischen Ergüssen, Aufmerksamkeit verschafft, sondern auch visuell, mit Zeichnungen, Gemälden und Objekten. Lange bevor »Kunsttherapie« anerkannt wurde, war es den Patienten in gewissen Asylen aus humanitären Gründen erlaubt, zu zeichnen. Auch James Tilley Matthews (siehe oben) zeichnete die Höllenmaschinen, die sein Bewußtsein quälten, und er reichte einen qualitativ hochwertigen Plan für ein neues Gebäude von Bethlem ein. Auch sein Zeitgenosse Jonathan Martin, dem es gelungen war, aus Protest gegen die Gottlosigkeit seiner Zeit das Münster von York teilweise niederzubrennen, zeichnete sich während seiner Gefangenschaft als Instrument von Gottes Zorn und der göttlichen Rache, die über das London genannte moderne Babylon kam. (Martins Bruder John war ein erfolgreicher Künstler.) Der Künstler Richard Dadd, der während einer Nahostreise vermutlich einen Hitzschlag erlitt und seinen Vater umbrachte, wurde in Bethlem eingewiesen, wo er (wie später auch in Broadmoor) von den Behörden zum Malen ermuntert wurde und dies bis an sein Lebensende tat. Seine berühmtesten Gemälde entstanden dort, darunter *Contradiction: Oberon and Titania* und *The Fairy Feller's Fatal Stroke*.

Doch erst in den 1870er Jahren begann man, den Bildern geisteskranker Patienten psychiatrische Beachtung zu schenken, in der Hoffnung, diagnostische Schlüsse daraus zu ziehen. Ein Vorreiter war Cesare Lombroso (1836–1909), der eine Pathographie der Einbildungskraft von Wahnsinnigen in Übereinstimmung mit seiner Theorie der atavistischen Degeneration entwarf. Einige Werke aus seiner umfangreichen Sammlung von Kunst von Geisteskranken wurden in seinem Buch *L'Uomo di Genio* (1888; *Der geniale Mensch*) abgebildet. Indem er diese Werke solchen von Kindern, »Schwachsinnigen« und Menschen aus »primitiven Kulturen« gegenüberstellte, »entdeckte« er einheitliche Züge, die für die verrückte, kindliche oder wilde Psyche symptomatisch seien. Zeichnungen und Gemälde von Geisteskranken waren gemäß Lombroso charakterisiert durch Verzerrung, Originalität, Imitation, Repetition, Absurdität, Arabesken, Exzentrität, Obszönität und insbesondere Symbolhaftigkeit – ein ziemlich umfangreicher Katalog belastender Indizien.

Die implizierte Moral lautete: Wenn die Verrückten so malen, dann sind jene, die so malen, verrückt. Und genau zu diesem Verdikt sind einige Psychiater in bezug auf Expressionisten, Surrealisten und andere Avantgardekünstler gekommen. Cézanne und die Kubisten litten unter neurologischen Augenbeschwerden, urteilte Theodore Hyslop, Arzt am Bethlem Hospital, der selbst kein schlechter Künstler war und das Buch *The Great Abnormals* (1925; »Die großen Abnormalen«) verfaßte.

Man kann verstehen, warum einige Psychiater solche Zusammenhänge herstellten. Denn die Erben der Tradition der »wahnsinnigen Genies« (siehe dazu Kapitel 4), etwa Ernst Ludwig Kirchner, Max Ernst, Paul Klee und Antonin Artaud, verspotteten die bürgerliche Zurückhaltung und priesen das Irrationale; sie lobten Geisteskranke, Kinder und Primitive als die einzigen, die mit den Urquellen der Gefühle in wahrhaftem Kontakt standen, anders als die sterilen akademischen Künstler und bürgerlichen Kritiker. Und sie versuchten jene nachzuahmen, die sie beneideten: Oskar Kokoschka malte sich selbst als Degenerierten, lange bevor die Organisatoren von Hitlers berüchtigter Ausstellung entarteter Kunst (München, 1937) die moderne Kunst in Bausch und Bogen als psychopathologisch diagnostizierten und denunzierten.

27 Cesare Lombroso (1836–1909) war ein italienischer Kriminologe mit psychiatrischen und anthropologischen Interessen. Er unterstützte Degenerationstheorien und betrieb psychiatrische Studien zu Kriminalität und Genie sowie zur Kunst von Geisteskranken. Photogravüre, ca. 1900.

Unterdessen begannen Irrenärzte und Psychiater ihre Patienten zum Malen anzuhalten, weniger um pathographische Beweise zu finden, sondern in der psychotherapeutischen Absicht, die dunklen und verborgenen Wege des Geistes durch kreative künstlerische Prozesse zu erhellen. In einer privaten Anstalt in der Nähe von Bern spornte der Psychiater Dr. Walter Morgenthaler seinen außergewöhnlichen Patienten Adolf Wölfli zum Malen an, während der Wissenschaftler Hans Prinzhorn und der Maler Jean Dubuffet eine Sammlung mit Bildern von Geisteskranken nicht als Diagnoseinstrument, sondern um ihrer selbst willen aufbauten.

Kunst als Psychotherapie kam in Mode, obwohl wie bei Charcots handverlesenen Hysterikern die Gefahr bestand, daß die Patienten unbewußt angeleitet wurden, Kunstwerke nach der psychiatrischen Vorstellung zu schaffen. Der Niedergang der Irrenanstalten und die Hinwendung zu medikamentöser Behandlung hat dem Genre vielleicht die Totenglocke geläutet.

Vielleicht wäre das gar nicht so schlecht, denn im Verlauf der Jahrhunderte preßten künstlerische und psychiatrische Konventionen die Wahnsinnigen in Stereotypen und perpetuierten Vorurteile und Schuldzuweisungen. Es ist fraglich, ob die Identifizierung eines bestimmten Genres irgendeinen nützlichen diagnostischen oder therapeutischen Zweck erfüllte. Wer kann wissen, ob Vincent van Gogh, als er sich selbst malte, den Wahnsinn abbildete? Klar ist nur, daß er das Elend malte.

8 Das Jahrhundert der Psychoanalyse?

Wissenschaft und Psychiatrie

Die Psychiatrie hat in der Regel zwei Ziele verfolgt: den Wahnsinn wissenschaftlich in den Griff zu bekommen und die Geisteskranken zu heilen. Diese beiden Ziele galten meist als untrennbar, doch wurde das eine gelegentlich über das andere gestellt. Für viele Psychiater des späten neunzehnten Jahrhunderts lag das Schwergewicht auf der Etablierung der Disziplin als echte Wissenschaft, damit sie den ihr angemessenen Platz im Pantheon der »harten« biomedizinischen Wissenschaften – Neurologie und Pathologie – einnehmen und sich zugleich klar von halbseidenen Peinlichkeiten wie dem Mesmerismus und Spiritualismus abheben konnte. Der Psychiatrie eine seriöse wissenschaftliche Basis zu verleihen war angesichts ihrer starken positivistischen und darwinistischen Neigungen besonders wichtig. Der bedeutende Epilepsieforscher John Hughlings Jackson etwa berief sich auf Herbert Spencer und die Evolutionstheorie als Basis seiner Darstellung nervöser Störungen, und Henry Maudsley gründete seine Prognose der Psychiatrie auf darwinistischer Biologie. Auch Freud war ein leidenschaftlicher Bewunderer Darwins und hoffte, auf seinem Gebiet eine »kopernikanische« Revolution herbeizuführen. Für Emil Kraepelin (1856–1926), den bedeutendsten deutschen Psychiater, war es wichtig, die Psychiatrie von der ganzen Schlacke zu befreien, die sich um sie herum gebildet hatte.

Nach einer frühen Stelle an der Universität von Dorpat (in Estland, damals ein Teil von Preußen) wurde Kraepelin Professor an der Universitätsklinik von Heidelberg, einer Hochburg der Medizin in Deutschland. Seine Karriere markiert den Höhepunkt eines Jahrhunderts beschreibender klinischer Psychiatrie und psychiatrischer Nosologie. Er stellte den psychopathologischen Zustand der Kranken hinter die »Entität« der Krankheit zurück und betrachtete seine Patienten als Träger von Symptomen; seine Fallgeschichten konzentrierten sich auf die zentralen Elemente jeder einzelnen Störung. Der Verlauf einer psychischen Erkrankung, so seine Überzeugung, bot die besten Anhaltspunkte zur Bestimmung ihrer Natur, und nicht, wie die traditionelle Praxis es wollte, die Menge der Symptome, die ein Patient zu einer bestimmten Zeit aufwies.

Ausgehend von dieser Überzeugung erneuerte Kraepelin die Konzeption und Klassifikation von Geisteskrankheiten grundlegend. Er verband Morels *démence précoce* mit dem Begriff der Hebephrenie (eine von Karl Kahlbaum und seinem Schüler Ewald Hecker beschriebene Form der Schizophrenie, die durch regressives Verhalten gekennzeichnet ist) und entwickelte daraus das Modell eines degenerativen Zustandes, den er *dementia praecox* nannte; dieses erlaubte eine präzise Unterscheidung von manisch-depressiven Psychosen (dem zirkulärem Irresein bei Falret). Der typische *dementia praecox*-Patient, den Kraepelin aufgrund peinlich genauer klinischer Beobachtung beschrieb, konnte raffiniert und schlau sein, schien aber seine Menschlichkeit verloren zu haben, sich ohne Verlangen nach gesellschaftlicher Anteilnahme in eine solipsistische Welt zurückzuziehen, verstummt, manchmal gewalttätig und paranoid. Bei Kraepelin litten solche Patienten dann oft unter »Verkümmerung der Gefühle« oder »Willenstrübung«, was für ihn bedeutete, daß diese Patienten moralisch pervertierte Psychopathen waren, fast eine andere Spezies. Als Vorläufer der modernen Schizophrenie hat Kraepelins *dementia praecox* eine unauslöschliche Spur in der modernen Psychiatrie hinterlassen.

Mit dem Blick des Naturhistorikers auf die Krankheiten des Geistes schrieb Kraepelin ganze Lebensgeschichten von Patienten chronologisch auf, was die Prognose (den voraussichtlichen Ausgang) zu einem definierenden Element der Krankheit machte. Als Bewunderer des Experimentalpsychologen Wilhelm Wundt (1832–1920) war er unter anderem führend in der Anwendung psychologischer Patiententests. Zu Kraepelins Kollegen zählte Alois Alzheimer (1864–1915), dessen Erforschung seniler Demenz zur bedeutenden Spezialdisziplin der geriatrischen Psychiatrie führte. Angetrieben von einem strengen Forschungsgeist, inspirierte Kraepelins Münchner Klinik zu ähnlichen Einrichtungen in anderen Städten und Ländern, darunter das von Henry Maudsley durch ein Legat gestiftete Hospital im Süden Londons, das (als einziges in England) nicht als Asyl, sondern als Forschungszentrum angelegt wurde.

Während die Idee der Vererbung in Kraepelins konzeptioneller Ausrichtung eine gewisse Rolle spielte, war er der französischen Degenerationstheorie gegenüber doch sehr kritisch eingestellt. In diesem Punkt ging er mit Freud konform, obwohl die beiden sonst wenig gemein hatten. Kraepelin erwartete keine großen Behandlungserfolge und war, wie die Anhänger der Degenerationslehre, pessimistisch, was ernste psychische Störungen wie *dementia praecox* betraf. Bis ins Jahr 1900 war der alte Optimismus Pinels verflogen: »Wir wissen viel und können wenig tun«, kommentierte ein deutscher Irrenarzt. Vielen erschien die Rolle des Psychiaters als die eines Polizisten oder Türhüters der Gesellschaft, der diese vor den Irren schützen sollte. Das Gedankengut der Eugenik und der Degenerationstheorie stärkte eine Politik, die das nackte Leben der Geisteskranken als »lebensunwert« stempelte. Schizophrene wurden von den Psychiatern der Nazis als ebenso eliminierungswürdig eingestuft wie die Juden. Zwischen Januar 1940 und September 1942 wurden 70723 geisteskranke Patienten vergast, ausgewählt aus einer Liste »lebensunwerten Lebens«, die neun führende Professoren der Psychiatrie und neununddreißig Spitzenärzte erstellt hatten.

Psychodynamik

Teils als Reaktion auf den Pessimismus der Anstaltspsychiatrie und den Dogmatismus der »Somatiker« wurden neue Formen der dynamischen Psychiatrie entwickelt und verbreitet. Historisch gesehen gingen sie unter anderem auf Franz Anton Mesmers therapeutische Versuche mit »animalischem Magnetismus« im Wien und Paris der Aufklärung zurück. Die Hypnose förderte multiple Persönlichkeitsstörungen und automatische Verhaltensweisen zutage sowie bislang verborgene Schichten des Selbst und stellte Dinge wie den Willen, das Unbewußte und die

Einheit der Person zur Diskussion. Das kartesianische *cogito* war hinfällig geworden; schon lange vor Freud war klar, daß der Mensch nicht Herr im eigenen Haus war.

In Nancy nutzten Auguste Ambroise Liébault (1823 bis 1904) und Hyppolyte Marie Bernheim (1840–1919) die Techniken Mesmers, um den Geheimnissen der Psyche auf die Spur zu kommen, während in Paris der große Charcot die Hypnose als diagnostisches Instrument zur Erkennung der Hysterie einsetzte. Nur Hysteriker, glaubte er, konnten hypnotisiert werden (wogegen die Nancy-Schule Einwände erhob). Dabei übersah er allerdings (seine Kritiker waren diesbezüglich weniger leichtgläubig), daß das hysterische Verhalten seiner »Star«-Hysterikerinnen – jungen Frauen aus der Arbeiterklasse, die sich keineswegs als Probanden für eine wissenschaftliche Untersuchung eigneten – eine von der aufgeladenen und theatralischen Atmosphäre der Salpêtrière begünstigte Pose war. Charcot machte sich selbst glauben, das Verhalten seiner Patientinnen sei natürlich und nicht gespielt. Die Monate, die Freud im Jahr 1885 unter Charcot in Paris studierte, sollten sich für seine Entwicklung als entscheidend erweisen, was mit ein Grund dafür war, daß es der Psychoanalyse nie gelang, den Vorwurf zu entkräften, ihre Behandlungen seien – genau wie bei Charcot – zur Hauptsache die Folge von Suggestion.

Der Eroberer des Unbewußten

Der aus einer jüdischen Familie in Mähren stammende Sigmund Freud (1856–1939) studierte in Wien Medizin und Physiologie und spezialisierte sich zunächst auf klinische Neurologie. Der enthusiastische Darwinist und Protegé des nüchternen Neurophysiologen Ernst von Brücke (1819–1892) brachte einen materialistischen Geist in das Studium des Menschen; er reduzierte den Geist auf das Gehirn und verachtete Religion sein Leben lang als »Illusion«. Durch seine Arbeit mit Josef Breuer (1842–1925) wurde er auf die Zusammenhänge zwischen Hypnose, Hysterie und Neurosen aufmerksam. Breuer erzählte ihm von seiner Patientin »Anna O.«, deren bizarre hysterische Symptome er behandelte, indem er sie unter Hypnose zurück an den Ausgangspunkt jedes Symptoms führte. Wenn sie das auslösende Trauma erneut durchlitt, verschwinde das jeweilige hysterische Symptom, behauptete Breuer.

Die in Paris mit Charcot verbrachte Zeit vermittelte Freud den theoretischen Hintergrund, um Breuers Erfahrungen zu verstehen, darunter nicht zuletzt die Anzeichen einer sexuellen Ursache von Hysterie. »Es ist immer eine Frage des Geschlechts«, vertraute Charcot ihm unter vier Augen an (in der Öffentlichkeit hielt Charcot das Sexuelle aus seinen Erklärungen heraus). Freuds und Breuers enge Zusammenarbeit gipfelte 1895 in der Veröffentlichung der *Studien über Hysterie*. Doch Freud ging zu dieser Zeit bereits einen Schritt weiter als sein älterer Kollege; er arbeitete an der Theorie, daß Neurosen von frühen *sexuellen* Traumata verursacht seien. Er folgerte, daß seine hysterischen Patientinnen einer vorpubertären »Verführung« ausgesetzt waren – in der Regel dem sexuellen Mißbrauch durch den Vater – und daß unterdrückte Erinnerungen an solche Übergriffe später in Form sonst unverständlicher hysterischer Symptome zutage traten. Diese »Verführungshypothese« legte er erstmals 1893 seinem Berliner Freund Wilhelm Fließ dar. Freuds Begeisterung für seine schockierende Theorie wuchs während der nächsten drei Jahre an, bis er am 21. April 1896 in einem Wiener Vortrag über die Ätiologie der Hysterie damit an die Öffentlichkeit trat.

Im darauffolgenden Jahr jedoch, am 21. September 1897, gestand er seinem Freund Fließ: »Ich glaube an meine Neurotica nicht mehr« – also an seine Verführungshypothese. Inzwischen war Freud – der sich jetzt mit autobiographischen Träumen und Selbstanalyse beschäftigte – zur Überzeugung gelangt, daß die Verführungsgeschichten seiner Patienten reine Phantasie waren, die ihre Ursachen nicht in den perversen Taten der Erwachsenen hatten, sondern in den erotischen Wünschen der Kinder. Der Zusammenbruch der Verführungstheorie brachte ihn auf die Idee der kindlichen Sexualität innerhalb des Ödipus-Komplexes, die er einen Monat später Fließ erläutern sollte:

> Ich habe die Verliebtheit in die Mutter und die Eifersucht gegen den Vater auch bei mir gefunden und halte sie jetzt für ein allgemeines Ereignis früher Kindheit ... Wenn das so ist, so versteht man die packende Macht des Königs Ödipus trotz aller Einwendungen, die der Verstand gegen die Fatumsvoraussetzung erhebt, und versteht, warum das spätere Schicksalsdrama so elend scheitern mußte. ... Jeder der Hörer war einmal im Keime und in der Phantasie ein solcher Ödipus.

Freud hielt sein Leben lang an der zentralen Bedeutung dieses Durchbruchs fest: »Und wenn sich die Psychoanalyse keiner anderen Leistung rühmen könnte als der Entdeckung des unterdrückten Ödipus-Komplexes, so würde doch dies allein schon den Anspruch berechtigen, sie zu den größten neueren Errungenschaften der Menschheit zu rechnen.« Die zwei Säulen der Psychoanalyse – das Wirken des Unbewußten und die ödipale Sexualität – waren also ein Resultat von Freuds Gesinnungswandel: Hätte er nicht die Verführungshypothese aufgegeben, gäbe es die Psychoanalyse als das theoretische Gerüst, das auf dem unbewußten libidinösen Begehren und dessen Unterdrückung basiert, nicht.

Die Gründe für diesen entscheidenden Sinneswandel sind heftig umstritten. Orthodoxe Freudianer, darunter besonders sein Schüler und Biograph Ernest Jones, deuteten ihn als »Heureka-Moment«, in dem Freud das Licht erblickte. Einige Kritiker dagegen meinen, er habe die Nerven verloren; die Aufgabe der Verführungsthese sei der eigentliche Fehler, ja vielleicht sogar ein »Verrat« an der psychosexuellen Wahrheit und an seinen Patienten gewesen. (Denn wenn diese tatsächlich sexuell mißbraucht worden waren, wurden ihre Geschichten durch die Aufgabe der Verführungsthese genauso herabgewürdigt wie jene der vielen künftigen Patientengenerationen auf der Couch.) Freuds angeblicher »Verrat« wurde auf die kühle Aufnahme seines Wiener Vortrags und auf den Tod seines Vaters im Oktober 1896 zurückgeführt. Von da an steckte Freud in der Haut seines Vaters, die Psychoanalyse wurde zur Folie für die Sünden des Vaters. Die wahrscheinlichste Erklärung jedoch ist, daß Freud sich zunehmend mit der Rolle der Phantasie im Leben und in den Neurosen der Menschen zu beschäftigen begann.

Freud und Breuer distanzierten sich voneinander – Freud beherrschte nie die Technik der Hypnose, die jener bevorzugte –, und auch mit Fließ, der einen biologischeren Ansatz wählte, brach Freud. In einer Reihe grundlegender Arbeiten, darunter in erster Linie sein *Opus magnum*, *Die Traumdeutung* (1900), formulierte Freud die fundamentalen theoretischen Gedanken der Psychoanalyse, nämlich die Tatsache der unbewußten Geisteszustände, deren Unterdrückung zu Neurosen führt, die Bedeutung der infantilen Sexualität und die Symbolik von Träumen und hysterischen Symptomen. Weiter beschrieb er die Untersuchungstechniken der freien Assoziation und der Traumdeutung, zwei Methoden zur Überwindung des Widerstands und zur Offenlegung verborgener unbewußter Wünsche, und erläuterte, was ihn die klinische Praxis gelehrt hatte: die therapeutische Übertragung. Vieles davon faßte er in seinen *Vorlesungen zur Einführung in die Psychoanalyse* (1916/1917) zusammen.

Während des Ersten Weltkriegs wandte Freud seine Ideen zur Psychogenese hysterischer Symptome auf den Schützengrabenschock und andere Kriegsneurosen an: Soldaten mit Lähmungserscheinungen und dem Verlust des Seh-, Sprech- und Hörvermögens ohne konkrete organische Ursache galten als Konversionshysteriker. Obwohl er im Prinzip immer noch der wissenschaftlichen Biologie anhing, in der er ausgebildet war, spielten neurologische Überlegungen in Freuds Psychodynamik kaum mehr eine Rolle.

In seinen späteren Jahren arbeitete Freud seine Theorie zur Individualpsychologie weiter aus – genannt seien die Entwicklungsphasen, der Konflikt zwischen Eros und Thanatos (Todesinstinkt), oder Ich, Über-Ich und Es – und stieß mit seinen Spekulationen weit in die Gebiete der Geschichte, der Sozial- und Kulturgeschichte und der Anthropologie vor; er formulierte Theorien über die Ursprünge des Inzesttabus, über das Patriarchat und den Monotheismus sowie über die neurotischen Quellen religiöser und künstlerischer Impulse. Sein unendlich produktiver – und obsessiver – Intellekt beleuchtete auch manch andere Manifestation des Geistes, etwa Witze oder Freudsche Fehlleistungen.

Freuds Ideen erwiesen sich als zentral für das Verständnis des Selbst im zwanzigsten Jahrhundert, darunter der Glaube an das dynamische Unbewußte und das durch die freie Assoziation möglich gemachte Verständnis desselben, die Bedeutung von Träumen, Unterdrükkung und Abwehrmechanismen, infantile Sexualität, die sexuellen Ursachen von Neurosen und das therapeutische Potential der Übertragung. Obwohl er sich gern als Naturwissenschaftler sah, sollten seine Ansichten in Büchern, Kunst und Filmen den größten Anklang und Widerhall finden. Seine irritierenden Ansichten vom geteilten Selbst und vom Geist, der nicht Herr ist im eigenen Haus, machten Freud zum bedeutendsten Mythenbegründer des zwanzigsten Jahrhunderts.

Die psychoanalytische Bewegung

In der Schweiz entwickelte sich eine dynamische tiefenpsychologische Tradition, die in kreativer Spannung zu jener in Wien stand. In der psychiatrischen Anstalt Burghölzli in Zürich setzte Eugen Bleuler (1857–1939) psychoanalytische Theorien in die Praxis um, die er nach seiner Auffassung der »Schizophrenie« formuliert hatte, jenes von Kraepelins *dementia praecox* abgeleiteten Zustands, der durch Einbildungen, Halluzinationen und verwirrte Gedanken gekennzeichnet war. Schizophrene Patienten waren »merkwürdig, verwirrend, unergründlich, unheimlich, unfähig zur Einfühlung, finster, angsteinflößend«. Durchsetzen jedoch sollte sich der Einfluß von Carl Gustav Jung (1875–1961), besonders nach dessen Bruch mit Freud im Jahr 1912, als Jung eine alternative »analytische Psychologie« – eine weniger sexuell orientierte Vision der unbewußten Psyche – zu entwickeln begann.

Jung, Sohn eines Pfarrers, studierte in Basel Medizin und spezialisierte sich auf Psychiatrie. Nach der Begegnung mit Freud im Jahr 1907 wurde er zum Lieblingsschüler des Meisters und erlangte eine Reputation als »Kronprinz« der Psychoanalyse bzw. als deren nichtjüdische Spitze. Doch entbrannten ödipale Spannungen zwischen Freud und Jung, die sich mit der Veröffentlichung von Jungs *Wandlungen und Symbole der Libido* (1912), das viele von Freuds Schlüsseltheorien in Frage stellte (insbesondere den sexuellen Ursprung der Neurosen), noch verschärften. Innerhalb von nur zwei Jahren war der Bruch vollzogen – es war die erste jener epischen Fehden, die die Psychoanalyse zersplitterten und ihren wissenschaftlichen Anspruch unterminierten.

Jungs analytische Psychologie behauptete, ein ausgeglicheneres Verständnis der Psyche und ihrer verschiedenen Persönlichkeitstypen zu fördern, als Freud es vermochte, unter anderem dank der Konzepte des Extrovertierten und Introvertierten, die Jung in seinem Werk *Psychologische Typen* (1921) darlegte. Ein gesundes Gleichgewicht von Gegensätzen war zu begrüßen (Animus und Anima, die männliche und die weibliche Seite der Seele), ebenso die Vereinigung von Denken, Fühlen und Intuition. Jung entwarf die Idee des »kollektiven Unbewußten«, das mit verborgenen Erinnerungen, die mittels eines Vererbungsmechanismus von Generation zu Generation weitergegeben wurden, aus der Frühzeit der Menschheit befrachtet sei. Jung war fasziniert von Archetypen und Mythen (zum Beispiel dem Mythos von Mutter Erde) und studierte Träume, Kunst und Anthropologie. Von solchen Archetypen und Mythen war jenes kollektive Unbewußte angeblich erfüllt, sie prägten unsere Erfahrungen und, wie Jung in seinem letzten Buch *Der Mensch und seine Symbole* (1968) betonte, waren Quell der Kreativität. Mit ihrer Vision vom Selbst, das sich in der ganzheitlichen Persönlichkeit entfaltet, behält Jungs analytische Psychologie die spirituelle Faszination einer persönlichen Lebensphilosophie.

In Frankreich entwickelten sich eigene psychodynamische Traditionen, was es relativ unempfänglich für die Ideen Freuds machte – wenigstens bis in die 1970er Jahre, als der Außenseiter Jacques Lacan, der Freud durch die Brille der strukturalistischen Semiotik las, zu Prominenz gelangte. In der Tradition Charcots erarbeitete Pierre Janet (1859–1947) Theorien zur Persönlichkeitsentwicklung und Geistestörung, die die dynamische Psychiatrie in Frankreich lange bestimmen sollten. Seine Untersuchungen des Unbewußten hielt er in differenzierten klinischen Beschreibungen von Hysterie, Anorexie, Amnesie und Zwangsneurosen sowie deren Behandlung mit Hypnose, Suggestion und anderen psychodynamischen Techniken fest. Er brachte Hysterie mit den von ihm so genannten »unterbewußten fixen Ideen« in Verbindung und schlug eine »psychologische Analyse« als Behandlung vor.

Obwohl Freud nur eine vage Vorstellung von der amerikanischen Gesellschaft hatte, erwies sich die Neue Welt als besonders empfänglich für die Psychoanalyse. Viele bedeutende Analysten zogen nach Nordamerika, noch bevor die Nazis die Juden zu verfolgen begannen. Einer der ersten war Alfred Adler (1870–1937), der besonders für seine Beschreibung des Minderwertigkeitskomplexes bekannt ist: Der Fall des neurotischen Individuums, dessen Aggression ein Ausdruck der Überkompensation ist. Nachdem Adler in den frühen Jahren an Freuds psychoanalytischen Zirkeln teilgenommen hatte, brach er mit dem Meister und erarbeitete in seinem Werk *Über den nervösen Charakter* (1912) eigene Theorien. Er zog in die USA und richtete seine Aufmerksamkeit auf die Beziehungen zwischen Individuum und Umwelt, wobei er die Bedeutung der sozialen Harmonie für die Vermeidung von Neurosen betonte. Seine Ansichten waren entscheidend für die Ausrichtung der amerikanischen Psychiatrie (zwischen den Weltkriegen) auf eine Vision der sozialen Integration und Stabilität, die auf der individuellen Angleichung und Anpassung an gesunde soziale Formen beruhte.

Durch die Flucht so vieler jüdischer Analytiker aus Europa wurden die Vereinigten Staaten zur Hochburg der Psychoanalyse; in der Mitte des zwanzigsten Jahrhunderts war die amerikanische Psychiatrie – in den Universitäten ebenso wie in den Krankenhäusern – vorwiegend psychoanalytisch ausgerichtet. In den 1960er Jahren erklärten die beiden amerikanischen Psychoanalytiker Franz G. Alexander und Sheldon T. Selesnick selbstsicher, die Psychiatrie sei »erwachsen geworden«.

In Großbritannien breitete sich die Psychoanalyse langsamer und nur teilweise aus, vielleicht wegen der bekannten angelsächsischen Zurückhaltung und der Abneigung gegen alle Nabelschau. David Eder, ein früher Anhänger, erinnerte sich, wie er 1911 vor der Neurological Section der British Medical Association eine Rede über die Behandlung eines Hysteriefalles mit den Methoden Freuds hielt; nachdem er geschlossen hatte, verließ die gesamte Zuhörerschaft, einschließlich des Vorsitzenden, den Saal in eisigem Schweigen. Wundern darf einen das nicht, angesichts hämischer Kommentare wie jenem des angesehenen Psychiaters Charles Mercier, der 1916 schrieb:

> Die Psychoanalyse hat ihren Zenit überschritten und versinkt schnell wieder in jenen dunklen und stillen Tiefen, aus denen sie emporgestiegen ist. Es ist richtig, daß sie systematisch beschrieben wird, bevor sie neben den getrockneten Kröten und der sauren Milch und allen anderen verworfenen Heilmethoden in Vergessenheit gerät.

Trotz solcher Widerstände errang die Psychoanalyse einige Erfolge, möglicherweise begünstigt durch das Versagen anderer (Standard-) Erklärungen bei der Konfrontation mit den Kriegsneurosen des Ersten Weltkriegs. Die

Vorstellung einer Massenfeigheit war für die britische Öffentlichkeit unerträglich, doch konnte keine herkömmliche Psychiatrie erklären, warum tapfere Männer aus gutem Hause plötzlich nicht mehr kämpfen konnten.

Die frühe Psychoanalyse in Großbritannien entwikkelte sich um den Waliser Ernest Jones (1879–1958). Seine Lebhaftigkeit, Eitelkeit und phänomenale Energie machten den Mitbegründer der London Society of Psychoanalysis zum geborenen Missionar; er wurde ein enger Freund Freuds und später sein Biograph und brachte 1912 das erste in England auf diesem Gebiet veröffentlichte Buch heraus, die *Papers on Psycho-Analysis* (»Referate zur Psychoanalyse«). Später wurde London durch den Theoriekrieg zwischen Melanie Klein (1882–1960) und Anna Freud (1895–1982) in zwei Lager gespalten (Anna Freud war 1938, nach der Besetzung Österreichs durch die Nationalsozialisten, mit ihrem Vater nach England geflohen) – Freudianer und Kleinianer waren in der Frage der Mutter-Kind-Beziehungen unversöhnlich zerstritten. Die 1920 in London gegründete Tavistock Clinic machte sich für die Sache der Psychotherapie stark, besonders bei Kindern und Familien, und förderte die Objektbeziehungsschule. Seit den 1940er Jahren setzten Donald Winnicott und John Bowlby große Hoffnungen in die Kernfamilie und insbesondere in die Mutter als Rettungsanker der psychosozialen Anpassung.

Nach und nach verhalf die Ausbreitung eines im weitesten Sinne psychodynamisch geschulten Denkens der Idee zum Durchbruch, daß geistige Störungen nicht auf Verrückte beschränkt waren. In den 1950er Jahren war es bereits weitgehend akzeptiert, daß ganz gewöhnliche

Menschen Komplexe haben konnten, und Neurosen, sagte man, seien in der ganzen Bevölkerung verbreitet: Hausfrauendepression, Familienkonflikte, Alkoholismus, pubertäre Anpassungsschwierigkeiten, Generationenkonflikte und so weiter. Es waren die Vorläufer der zum Ende des Jahrhunderts allgegenwärtig gewordenen Depressionen, sexuellen Dysfunktionen und Eßstörungen.

Im Verlauf der 1950er Jahre schuf die Populärkultur neue, geradezu glamouröse psychologische Typen wie etwa den jugendlichen Delinquenten, der als populäre Version des melancholischen Dichters oder des romantischen Genies gelten kann. Die »Psychiatrisierung von allem« erfolgte erwartungsgemäß zuerst in den Vereinigten Staaten – ein Trend, der in Leonard Bernsteins Musical *West Side Story* wunderbar verspottet wurde. Dort ziehen die überdrehten jungen New Yorker einen Polizisten auf dem Kriegspfad mit den Zeilen auf:

> ... Mein Herr Inspektor
> ihr Spruch ist verfehlt
> Der Kleine kam
> als ungewolltes Kind auf die Welt.
> Er kriegte Neurosen infolge des Schrecks.
> Bei Sigmund Freud heißt das Komplex.
> ...
> Alle: Ein Komplex, ein Komplex,
> Ich bin ganz perplex
> Oh mein Minderwertigkeitskomplex!

Der Schock des Neuen

Während die Avantgarde Freud als Eroberer des Unbewußten umschwärmte, erfuhren die Anstaltsinsassen bedeutende Veränderungen in der medizinischen Behandlung – manche waren wirksam, viele dubios und einige nachgerade gefährlich. Im Zuge der mikrobiologischen Revolution wurden, angefangen bei der Syphilis, die Einflüsse bakterieller Infektionen auf die Gehirnpathologie erkannt. In Wien entdeckte Julius Wagner-Jauregg (1857 bis 1940), daß eine zusätzliche Infektion mit Malaria gegen die allgemeine Paresie der Geisteskranken wirkte, was ihm 1927 den Nobelpreis für Medizin eintrug. Bis heute ist er der einzige Psychiater, dem diese Auszeichnung zuteil wurde.

Wagner-Jauregg war einer von vielen Anhängern der Faradisierung (Elektroschocktherapie) zur Behandlung von Kriegsneurosen. Schlaftherapien, bei denen der natürliche Schlaf mit Hilfe von Barbituraten künstlich verlängert wurde, erlebten in den 1920er Jahren eine gefährliche Blüte. Manfred Sakel begann in den 1930er Jahren, Schizophrene durch Herbeiführung eines Komas (ausgelöst durch Insulin, das seit 1922 bei der Behandlung von Diabetes zum Einsatz kam) zu behandeln – eine zwar gefährliche, aber nicht ganz erfolglose Praxis. So wurden verschiedenste Schocktherapien zunehmend populär.

Bei seiner Arbeit mit Epileptikern entwickelte der Budapester Psychiater Ladislaus Joseph von Meduna (1896 bis 1965) eine Form der Schocktherapie, bei der eine kampferartige Substanz (die als Cardiazol bzw. Matrazol vermarktet wurde) als Krampfmittel angewendet wurde, was zu derart heftigen Krämpfen führte, daß einige Patienten sogar Knochenbrüche erlitten. Medunas Behandlung lag die Theorie zugrunde, daß sich der Zustand von

28 ›Die Welt der Mikroben: Papa fragen.‹ Federzeichnung von C. Harrison, 1913. Ein Schnupfenvirus hält um die Hand eines Neurastheniebazillus an. Der Vater lehnt mit Verweis auf den sozialen Graben zwischen den beiden ab: »Du kannst meine Tochter nicht heiraten, der soziale Graben ist zu tief; vergiß nicht, du bist bloß der Erreger eines gemeinen Schnupfens – sie aber verursacht Neurasthenie.« Wie seinerzeit die Melancholie, galt die Neurasthenie als Krankheit von höhergestellten Menschen.

Schizophreniepatienten durch epileptiforme Krämpfe natürlich verbessere; warum sollte man dies also nicht künstlich herbeiführen? 1938 begann Ugo Cerlett (1877–1963) in seiner neuropsychiatrischen Klinik in Genua, Elektroschocks zur Linderung schwerer Depressionen einzusetzen; auch diese Methode (die eine höchst kontroverse Geschichte hatte und zu einem zentralen Punkt der Kritik an der Psychiatrie wurde) zeitigte gewisse Erfolge.

Auch die Psychochirurgie erlebte seit den 1930er Jahren eine Blütezeit. Der Neurologe Egas Moniz (1874 bis 1955) von der Universität Lissabon behauptete, Zwangsneurosen und Depressionen ließen sich durch Leukotomie lindern, der chirurgischen Abtrennung des Stirnlappens vom Rest des Gehirns. Lobotomie und Leukotomie wurden in den USA begeistert aufgenommen, vor allem von Walter Freeman, einem Neurologen am George Washington University Hospital in Washington, DC. Freeman erledigte bis zu einhundert transorbitale Lobotomien pro Woche, indem er mit einigen Schlägen eines Zimmermannshammers einen simplen Cocktailstocher unter dem Augenlid hindurch in das Gehirn bohrte. Alles in allem führte er rund 3600 dieser Operationen durch. Bis 1951 wurden über 18000 Patienten einer Lobotomie unterzogen, bis wachsende Zweifel – und die psychopharmakologische Revolution – der Praxis endlich ein Ende bereiteten.

Psychochirurgie schien durchaus plausibel – war es nicht wahrscheinlich, daß sich Verhaltensänderungen mittels direkter chirurgischer Eingriffe ins Gehirn erzielen ließen? Die neurophysiologischen Fortschritte (siehe dazu Kapitel 6) hatten gezeigt, daß bestimmte Zonen der Hirnrinde bestimmte Aspekte der Wahrnehmung und der Gefühle kontrollierten, und obwohl der vordere Teil des Gehirns geheimnisvoll blieb, deuteten Tierversuche doch an, daß er mit der geistigen Ausgeglichenheit zusammenhing. Außerdem hatte sich die Chirurgie als modernste Errungenschaft der Medizin erwiesen. Angefangen bei der einfachen Tonsillektomie (Mandeloperation), wurden Operationen zunehmend routinierter, sicherer und beliebter.

Für Chirurgen, so die *New York Times* 1936, waren »Gehirnoperationen nicht weiter der Rede wert als Blinddarmentfernungen«. Genau wie andere Routineoperationen versprach auch die Lobotomie nicht nur Linderung für die Kranken, sondern Fortschritte für die Psychiatrie selbst. Diese Spezialdisziplin war seit dem Beginn des Jahrhunderts mitgeschleppt worden, ihr Ansehen getrübt durch die zweifelhaften Assoziationen mit den riesigen und elenden öffentlichen »Lagerhallen« für die geisteskranken Armen. Die Psychochirurgie versprach, all das zu ändern, Asyle ohne Hoffnung in echte Krankenhäuser zu verwandeln, die Psychiatrie durch das Skalpell zu retten und so die Disziplin zurück in den Mainstream der allgemeinen Medizin zu führen. Was sonst war mit der guten halben Million verlorener Seelen anzufangen, die unter konzentrationslagerähnlichen Verhältnissen in amerikanischen Anstalten ihr Dasein fristeten, wie Albert Deutsch in seinem erschütternden Bericht *The Shame of the States* (1948; »Die Schande der Staaten«) offenlegte? Jeder Versuch, die Verhältnisse zu bessern, schien begrüßenswert – besagte nicht das alte medizinische Sprichwort, daß extreme Verhältnisse extreme Mittel erforderten?

Und die Psychochirurgie schien zu nützen. Einige Patienten wurden dank der Lobotomie von ihren Erregungszuständen, von denen sie völlig beherrscht waren, befreit, konnten aus den Anstalten entlassen werden, fanden Jobs und gründeten Familien; sie paßten sich, im klassischen Sinne Adlers, gut an. Man schätzte die Lobotomie besonders wegen ihrer Eigenschaft, schwierige Menschen in ruhige und zufriedene Bürger zu verwandeln, die sich nicht beklagten und sich nicht um ihre Sorgen kümmerten – fügsame Seelen also, die, wenn sie auch nie die Anstaltsmauern verließen, so doch zu Modellpatienten wurden.

Psychochirurgie und andere Schocktherapien kündeten vom Wunsch wohlmeinender Psychiater, etwas für die vergessenen Patienten der Psychiatrie zu tun; später kritisierte man sie als groteske, brutale und hochmütige Quacksalber. Invasive Methoden spiegelten auch die Wehrlosigkeit der Patienten gegenüber arroganten und rücksichtslosen Ärzten und die Leichtigkeit, mit der sie zu Versuchskaninchen gemacht wurden. In einem heute berüchtigten Experiment wurden hunderte geisteskranker Schwarzer im Tuskeegee Asylum in Alabama ohne ihr Wissen oder ihre Zustimmung einem Experiment zur Erforschung von Langzeitreaktionen auf Syphilis unterzogen – ein fernes Echo der Greueltaten, die Nazipsychiater begangen hatten.

Die chemische Revolution

Seit den 1940er Jahren kam Penicillin zum Einsatz, und in der Folge dieses antibiotischen Wunders setzte man auch in die Psychopharmakologie große Hoffnungen. 1949 wurde Lithium, die erste psychoaktive (stimmungsbeeinflussende) Substanz, zur Behandlung manisch-depressiver Erkrankungen eingeführt; es ersetzte die alten Allzweck-»Keulen« wie Bromide und Crotonöl ebenso wie die gefährlichen Amphetamine, die in den 1930er Jahren weit verbreitet waren. Die Forschungslabors der Chemieunternehmen entwickelten in den frühen 50er Jahren des letzten Jahrhunderts Antipsychotika und Antidepressiva, darunter namentlich die Phenothiazine (das als »Largactil« in den Handel gebrachte Chlorpromazin wurde von seinen Kritikern »flüssiger Totschläger« genannt) und Imipramine (gegen Depressionen). Sie ermöglichten es vielen Patienten, die zwar schützende, aber auch abstumpfende Welt der psychiatrischen Krankenhäuser zu verlassen oder zu vermeiden und, bei andauernder Medikation, ein ansonsten normales Leben zu führen. Der führende britische Psychiater William Sargant (1907–1988) pries die neuen Medikamente als segensreiche Befreiung aus dem Schattenland der Asyle und als Erlösung von den Verrücktheiten Freuds. Ihnen sei es zu verdanken, daß die Ärzte dem »Geschwafel« Einhalt gebieten konnten, prahlte er und prognostizierte kühn, alle Geisteskrankheiten würden dank der neuen psychoaktiven Mittel bis ins Jahr 2000 gänzlich verschwinden. Die Psychopharmakologie ermöglichte der Psychiatrie deutliche therapeutische Fortschritte und versprach eine kostengünstige Methode zur Linderung der Leiden ohne lange Krankenhausaufenthalte, Psychoanalysen oder irreversible Chirurgie. Außerdem stützte sie den Anspruch der Psychiatrie, ein Zweig der allgemeinen Medizin zu sein.

Die neuen Drogen zeitigten phänomenale Erfolge. Das Beruhigungsmittel Valium (Diazepam) wurde in den 1960er Jahren zum weltweit am häufigsten verschriebenen Medikament. Um 1970 nahm jede fünfte Frau in Amerika schwache Tranquilizer ein, und um 1980 schrieben amerikanische Ärzte zehn Millionen Rezepte jährlich nur für Antidepressiva, hauptsächlich für tricyclische Präparate wie Imipramin. Das 1987 eingeführte Prozac, das den Serotoningehalt hebt und dadurch das

Gefühl von Sicherheit und Selbstbewußtsein fördert, wurde bei depressiven Zuständen fast nach Belieben verschrieben. Innerhalb von fünf Jahren hatten acht Millionen Menschen dieses Designer-Antidepressivum eingenommen, von dem gesagt wurde, man fühle sich damit »besser als gut«. Präparate, die auf das zentrale Nervensystem wirken, sind in den USA die derzeit wichtigste Medikamentengruppe – sie macht ein Viertel des gesamten Absatzes aus. Der enorme Erfolg dieser in der zweiten Hälfte des zwanzigsten Jahrhunderts aufgekommenen Beruhigungs- und Aufputschmittel setzt die »organische« Psychiatrie der Gefahr aus, von Medikamenten dominiert zu werden; das Bild vom Schwanz, der mit dem Hund wedelt, wäre hier durchaus angebracht.

Die ambulante Behandlung Geisteskranker mit Hilfe psychoaktiver Medikamente hat die Zahl der Asylpatienten erheblich reduziert. Doch die Probleme mit Nebenwirkungen und Abhängigkeit liegen auf der Hand, und die Langzeitwirkungen sind logischerweise noch unerforscht. Wichtige ethische und politische Fragen zur Persönlichkeitsbeinflussung stellen sich im Zusammenhang mit der Anwendung pharmazeutischer Produkte, gerade wenn Entwicklung, Herstellung und Vertrieb solcher Präparate in der Hand monopolistischer Weltkonzerne liegen.

Die Anti-Psychiatrie und die Asyle

Die psychotropischen Medikamente schienen die Lösung des Asylproblems zu sein, denn Psychiater in Europa und den Vereinigten Staaten standen den alten Irrenanstalten, die die Landschaften verschandelten, mittlerweile kritisch gegenüber. Schwächen im Management englischer Asyle waren schon lange erkannt, spätestens seit den vernichtenden Vorwürfen über Vernachlässigungen und Grausamkeiten, die Montagu Lomax in *The Experiences of an Asylum Doctor, with Suggestions for Asylum and Lunacy Law Reform* (1921; »Die Erfahrungen eines Asylarztes, mit Vorschlägen zu einer Asyl- und Irrengesetzreform«) erhoben hatte; es war das ernüchternde Werk nicht eines protestierenden Patienten, sondern eines desillusionierten Arztes. »Unsere Asyle verwahren, aber sie heilen nicht«, schrieb er.

Nicht zuletzt schien auch die Segregation der Gesunden von den Irren, zu der das Asylwesen geführt hatte, epidemiologisch gesehen keinen Sinn mehr zu ergeben. Die moderne Psychiatrie war zu der Auffassung gelangt, daß der größte Teil der psychisch gestörten Menschen nicht in Asylen, sondern in der gewöhnlichen Gesellschaft zu finden sei; das Augenmerk lag nun auf Neurosen, die nicht schwerwiegend genug waren, um ein Attest und eine Langzeiteinweisung zu rechtfertigen. »Die Vorstellung, der geistig gestörte Mensch sei eine Ausnahme, gehört der Vergangenheit an«, behauptete der amerikanische Psychiater Karl Menninger 1956 und fuhr fort: »Es ist jetzt weitgehend akzeptiert, daß die meisten Menschen zu gewissen Zeiten gewisse psychische Krankheiten haben.« (Der Zyniker würde sagen, die Psychiatrie habe damit die gesamte Bevölkerung als Kundschaft angesprochen.)

Man begann nun, sich auf mildere und Grenzfälle (»Borderline«-Fälle) zu konzentrieren; geistige Abnormitäten wurden als Teil der normalen Vielfalt angesehen. Eine neu formulierte Sozialpsychiatrie bezog sich jetzt auf die gesamte Bevölkerung. Diese Auflösung der Grenzen zwischen geistig Gesunden und geistig Kranken hatte bedeutende praktische Konsequenzen für Obhut und Pflege. Indem sich die Aufmerksamkeit von der institutionellen Fürsorge zu den klinischen Bedürfnissen der Patienten verschob, bekam der Grundsatz der »offenen Türen« mehr Gewicht, Experimente mit ambulanten und psychiatrischen Tageskliniken wurden angeregt und Behandlungen, die auf Entlassung zielten, gefördert. Solche Entwicklungen kündigten das Ende der vormundschaftlichen Obhut als Routinemaßnahme an.

Die Neuausrichtung der Praxis hatte viele Gesichter, und viele Philosophien des Wandels drückten ihr den Stempel auf. Einige hofften auf eine Erneuerung der psychiatrischen Kliniken von innen. Seit den 1940er Jahren öffneten gewisse englische Irrenhäuser ihre Tore und etablierten therapeutische Gemeinschaften, Gruppen mit bis zu 100 Personen, in denen Ärzte und Patienten gemeinsam an der Schaffung positiverer therapeutischer Umgebungen arbeiteten. Die alte, hierarchische Trennung zwischen Pflegern und Insassen wurde aufgeweicht und gemeinsame Entscheidungen in einer entspannteren Atmosphäre gefördert.

Andere verlangten viel drastischere Maßnahmen, namentlich die Verfechter der sogenannten Antipsychiatrie-Bewegung, die in den 1960er und 1970er Jahren große Beachtung fand. Ihre Grundsätze waren vielfältig und widersprüchlich: Geisteskrankheit sei kein objektives biochemisches oder Verhaltensphänomen, sondern entweder ein negatives Etikett oder eine Strategie zur Bewältigung einer verrückten Welt; der Wahnsinn habe eine eigene Wahrheit, und Psychosen könnten ein Heilungsprozeß sein, der nicht pharmakologisch unterdrückt werden dürfe. Was die Anti-Psychiatrie einte, war die Kritik am Asylwesen. Wie wir gesehen haben, entlarvte der führende amerikanische Vertreter, Thomas Szasz, Geisteskrankheit als »modernen Mythos« (*The Myth of Mental Illness*) und bezichtigte die »Zwangspsychiatrie« (die Patienten zu Gefangenen mache) der »Fabrikation des Wahnsinns« (*The Manufacture of Madness*). Der Soziologe Erving Goffman aus Chicago wiederum enthüllte in seinem Buch *Asylums: Essays on the Social Situation of Mental Patients and Other Inmates* (1961; *Asyle. Über die soziale Situation psychiatrischer Patienten und anderer Insassen*) die Übel der »totalen Institution«. In Italien war der Wortführer der Bewegung der Psychiater Franco Basaglia, der zur raschen Schließung von Anstalten beitrug und damit ein Chaos auslöste; in den Niederlanden war es der glamouröse und mystisch veranlagte Jan Foudraine, der sich die Sympathien der gegen Staat und institutionelle Macht protestierenden Studenten sicherte.

Anführer der britischen Anti-Psychiatrie-Bewegung war der charismatische Psychiater Ronald Laing (1927 bis 1989) aus Glasgow, der von Sartres existentialistischer Philosophie beeinflußt war. »Wahnsinn«, schrieb er in einem charakteristischen Aphorismus, »muß nicht nur Zusammenbruch sein. Er kann auch Durchbruch sein. Er ist potentielle Befreiung und Erneuerung ebenso wie Versklavung und existentieller Tod.« 1965 gründete er Kingsley Hall, eine Gemeinschaft (das Wort »Krankenhaus« wurde vermieden) in einem Arbeiterviertel im Osten Londons, in dem die Bewohner mit den Psychiatern unter einem Dach lebten. Angeblich »halfen« die Psychiater den Patienten beim Durchleben der totalen Regression im Verlauf einer Schizophrenie. Laing war ein brillanter Autor und wurde zur Kultfigur der Gegenkultur und der Studentenproteste gegen den Vietnamkrieg. Gleichzeitig mobilisierten Spielfilme wie *Family Life* (1971) und *Einer flog über das Kuckucksnest* (1975) den Widerstand gegen die Horrorasyle und die polizeiähnliche, normierende Rolle der Psychiatrie.

Die Antipsychiatrie wurde hauptsächlich mit der politischen Linken assoziiert und trieb so die Aufhebung der Asyle voran. Zur gleichen Zeit, aber aus völlig anderem Antrieb, unterstützten Politiker der radikalen Rechten – darunter Ronald Reagan in den USA und Margaret Thatcher in Großbritannien – die Gemeinschaftsfürsorge, weil sie gegen den Sozialstaat waren und teure psychiatrische Klinikbetten sparen wollten. Schon 1961 forderte der damalige konservative britische Gesundheitsminister Enoch Powell die Schließung oder wenigstens Verkleinerung der alten Irrenanstalten, »die sich isoliert, majestätisch, gebieterisch, vom gigantischen Wasserturm und Kamin überschattet, unübersehbar und bedrohlich aus der Landschaft erheben«.

Die Patientenzahlen wurden rasch reduziert, in Großbritannien zwischen 1950 und 1980 von rund 150000 auf etwa 30000. Ob jedoch die Gemeinschaftsfürsorge funktionierte, war eine andere Frage, und es wurden Befürchtungen laut über das Wohl der Patienten und die Gefahren, die von schlecht betreuten Expatienten ausgingen.

Am Ende des zwanzigsten Jahrhunderts waren die psychiatrischen Anstalten und die orthodoxe Psychoanalyse Sigmund Freuds, die beide in der Jahrhundertmitte noch untrennbar mit Psychiatrie gleichgesetzt wurden, gleichermaßen unbeliebt geworden und im Niedergang begriffen. Im Westen jedoch war eine sprunghafte Zunahme angeblich rasch um sich greifender, vermeintlicher psychischer Störungen zu beobachten – darunter waren posttraumatischer Streß oder das Repressed Memory Syndrome (»Syndrom unterdrückter Erinnerungen«) nur zwei Beispiele unter Dutzenden. Teilweise als Reaktion darauf entstanden neue Formen der Psychotherapie, die die Behandlung psychischer Störungen veränderten; zu nennen sind Gruppen- und Familientherapien, Bewußtseinssteigerung, Sensitivitätstraining, Rollenspiele sowie Verhaltensveränderung durch Stimuli und Bekräftigung. Die klinische Psychologie und kognitive (Verhaltens-) Therapie waren geboren und boomten. Heute schießen immer mehr Kliniken und Techniken für den Umgang mit psychosozialen Problemen, sexuellen Funktionsstörungen, Eßstörungen und persönlichen Beziehungen aus dem Boden – und die Hoffnung auf eine Pille für jede psychische Krankheit lebt fort.

Business as usual

Unterdessen sind die akademische und die Krankenhauspsychiatrie nach wie vor damit beschäftigt, psychische Störungen zu beschreiben und zu klassifizieren. Das *Dia-*

gnostic and Statistical Manual of Mental Disorders (»Diagnostisches und statistisches Handbuch der psychischen Störungen«) der American Psychiatric Association erschien 1952 zum ersten Mal. Eine 1980 veröffentlichte überarbeitete Ausgabe führt die folgenden groben Kategorien geistiger Störungen auf: Störungen der Kindheit und Jugend (Hyperaktivität, Anorexie, Retardierung, Autismus); bekannte organische Ursachen (durch Drogen herbeigeführte und Alterskrankheiten); schizophrene Störungen (hebephrene, katatone, paranoide, undifferenzierte); paranoide Störungen (ohne schizophrene Anzeichen); affektive Störungen (bipolare, depressive); Angststörungen (Phobien, Zwangsneurosen); somatoforme Störungen (Konversionsstörung, Hypochondrie); dissoziative Störungen (Fugue, Amnesie, multiple Persönlichkeit); Persönlichkeitsstörungen. Die Veröffentlichung der nächsten Ausgabe des *Manual* 1994 bestätigte die Abkehr von den psychogenen Theorien, die noch eine Generation zuvor in Amerika dominiert hatten, und die Hinwendung zu mehr organisch orientierten Theorien. Dieser Jahrgang brachte auch eine Fülle neuer Störungsdefinitionen. Der Blick auf die verschiedenen Ausgaben des Handbuchs offenbart unterschiedliche, oft inkompatible oder sich überschneidende Terminologien, die von Ausgabe zu Ausgabe kommen und gehen. Eine berühmt gewordene schriftliche Abstimmung innerhalb der American Psychiatric Association führte 1975 zur verspäteten Entfernung der Homosexualität aus den Krankheitslisten. Es sind nicht nur Zyniker, die sagen, daß noch immer politisch-kulturelle, Rassen- und Geschlechtervorurteile die Diagnose angeblich objektiver Krankheitssymptome bestimmen. Am enthüllendsten belegt dies das schiere Wachstum des *Manual*: Die erste Ausgabe umfaßte rund 100 Seiten, die zweite 134, die dritte fast 500 und die letzte aus dem Jahr 2000 sagenhafte 943 Seiten! Bei mehr Menschen als je zuvor werden offenbar irgendwelche psychischen Störungen diagnostiziert. Ist das Fortschritt?

9 Fazit: Moderne Zeiten, alte Probleme?

Dieser sehr kurze Überblick hat nicht versucht, den anthropologischen oder sozialen Ursachen von Geisteskrankheiten auf den Grund zu gehen, oder die sozialen Funktionen des Wahnsinns und der Psychiatrie aufzuzeigen oder irgendwelche anderen historisch nicht ergründbaren Fragen zu beantworten. Vielmehr habe ich mich auf eine Darstellung der Vorstellungen und Auffassungen von Wahnsinn sowie auf die Behandlung der Wahnsinnigen seit dem Beginn der Aufzeichnungen konzentriert.

Das *British Medical Journal* vertrat am Anfang des zwanzigsten Jahrhunderts eine zuversichtliche Haltung: »In keinem anderen Bereich der Medizin ist der Wissensunterschied zwischen 1800 und 1900 wohl so groß wie in dem Bereich, der sich mit Geisteskrankheit befaßt.« Anders sah dies das spezialisiertere – und berufenere? – *Journal of Mental Science*. Es wies im selben Jahr auf die »offenkundige Unwirksamkeit der Medizin bei der Heilung von Geisteskrankheit« hin und fuhr skeptisch fort: »Obwohl die medizinische Wissenschaft im neunzehnten Jahrhundert große Fortschritte gemacht hat, ist unser Verständnis der *geistigen* Funktionen des Gehirns noch immer vergleichsweise verworren.« Die Zeitschrift *Lancet* ihrerseits meinte beides zugleich, als es in einem Editorial von 1913 hieß, die britische Psychiatrie erwache erst jetzt und verspätet aus ihrer Lethargie.

Am Anfang des einundzwanzigsten Jahrhunderts vernehmen wir ähnlich widersprüchliche Stimmen zu den Errungenschaften der Psychiatrie. Für die einen brachte das zwanzigste Jahrhundert die Offenbarungen Freuds über die wahren Abläufe der Psyche; für andere erwies sich die Psychoanalyse als steriles Zwischenspiel vor den echten Fortschritten der Neurophysiologie (zum Verständnis des Gehirns) und der Neurochemie (bei der Herstellung wirksamer Medikamente). Gewiß lassen psychopharmazeutische Entwicklungen auch die Psychiatrie besser funktionieren, doch scheint die medikamentöse Ruhigstellung von Patienten kaum der Gipfel der Errungenschaften zu sein. Jede Behauptung, die Wissenschaft der Geisteskrankheiten sei erwachsen geworden, scheint verfrüht und angreifbar – man denke nur an das rege Kommen und Gehen von Krankheitsklassifikationen im *Diagnostic and Statistical Manual of Mental Disorders*.

Die psychotropische Revolution, die Patientenrechtsbewegung und der Skandal der baufälligen Asyle führten seit den 1960er Jahren zu einer Politik der *Decarceration*. Die darauf folgenden Schwierigkeiten kennen wir nur zu gut. Innerhalb und außerhalb der Psychiatrie tobt eine Kontroverse über den Erfolg (oder Mißerfolg) der Aufhebung der Asyle und der Gemeinschaftspflege, und es wurden Rufe laut (sowohl aus der Öffentlichkeit wie aus der Psychiatrie), die traditionellen Asyle, jene sicheren Häfen der Geisteskranken, wieder einzuführen. Die Psychiatrie selbst steht in diesem Spannungsfeld orientierungslos da. Ist die Behandlung der Geisteskranken in diesem Jahrhundert, in dem Zehntausende Schizophrener vergast wurden, tatsächlich humaner geworden? Darauf läßt sich leider keine hoffnungsvolle Antwort geben.

Die Disziplin hat dem Sturm einer Anti-Psychiatrie à la Laing zweifellos standgehalten. Doch es fehlt ihr immer noch jene gedankliche und professionelle Einheit, die etwa die allgemeine Medizin auszeichnet; statt dessen reibt sie sich weiter zwischen psychosozialen und medizinischen Modellen auf, sowohl was ihren Gegenstand als auch ihre therapeutischen Strategien betrifft.

Als Folge der steten Ausbreitung der Psychiatrie finden wir immer mehr Menschen, die an immer zahlreicheren psychischen Syndromen leiden – oder dies zumindest behaupten. Es herrscht eine Opferkultur, in der es vorteilhaft erscheint, sich psychiatrischen Mustern zu unterwerfen. Mehr Menschen als je zuvor schlucken die Pillen – und vielleicht auch die Theorien –, die die Psychiatrie verschreibt. Die Menschen suchen alle möglichen Therapeuten auf, während die Psychologen und Psychiater versuchen, die Sprache des Christentums und der Humanität zu ersetzen und dem Selbst einen Sinn zu geben. Und doch ist das öffentliche Vertrauen in den psychiatrischen Beruf gering, wie das allgegenwärtige Mißtrauen, das in den Künsten und in der Presse zum Ausdruck kommt, deutlich zeigt. Rasselt die Torheit wieder mit ihren Schellen?

Anhang

Verzeichnis der Abbildungen

14 Pilger vor der Kapelle der Heiligen Dymphna in Gheel. 19. Jahrhundert, nach I. Haghe.
15 Szene in einem Irrenhaus. Stich von T. Bowles, 1735.
16 Geistesgestörter in einer Zwangsjacke, die Beine in einer Tonne, angebunden an einer Wand. Stich von E. Tritschler, 1908.
17 Philippe Pinel. Stich von Lambert, 1810, nach Madame Mérimée.
18 Irrenasyl in New York, frühes 19. Jahrhundert.
19 Das Irrenhaus in Lincoln. Stich, Mitte des 19. Jahrhunderts.
20 Das Krankenhaus von Colney Hatch, London: eine Frau, die an Manie leidet. Photographie, ca. 1900.
21 Der Arzt Vincenzo Chiarugi aus Florenz. Stich von de Lasimo, 1804.
22 Acht verwirrte Frauen im Salpêtrière-Krankenhaus, Paris. A. Gautier, 1857.
23 Jean-Martin Charcot. Ölbild.
24 Franz Joseph Gall und Johann Caspar Spurzheim. Frühes 19. Jahrhundert.
25 Richard von Krafft-Ebing. Ca. 1900.
26 Geistesgestörter Patient in einer Zwangsjacke. Stich von E. Tritschler, 1908.
27 Der Kriminologe Cesare Lombroso. Ca. 1900.
28 *Die Welt der Mikroben*. Federzeichnung von C. Harrison, 1913.

Die Reproduktion der Illustrationen erfolgt mit freundlicher Genehmigung der Wellcome Trust Library for the History and Understanding of Medicine.

Weiterführende Literatur

In den letzten Jahren ist eine beträchtliche Anzahl Arbeiten zur Psychiatriegeschichte erschienen. Viele davon basieren auf dem fundierten Studium von Archivmaterialien (Dokumenten aus Krankenhäusern oder Irrenasylen). Andere sind – explizit oder nicht – voreingenommen und polemisch. Und in Büchern und wissenschaftlichen Zeitschriften toben lebhafte – um nicht zu sagen giftige – Kontroversen, üblicherweise zwischen (angeblichen) Befürwortern und (angeblichen) Gegnern der etablierten Psychiatrie. Dieser kurze Führer wäre nicht der richtige Ort, diese verschiedenen Allianzen zu erklären. *Discovering the History of Psychiatry* (New York und Oxford: Oxford University Press, 1994) von Mark Micale und Roy Porter (Hrsg.) enthält ausführliche bibliographische und historiographische Aufsätze zu Publikationen bis in die frühen 1990er Jahre. Zur Bewertung neuerer Arbeiten sei auf die Rezensionen in Zeitschriften wie *History of Psychiatry* oder *Journal of the History of the Behavioral Sciences* verwiesen.

In der hier folgenden Liste habe ich der Kürze halber auf wissenschaftliche Artikel mehrheitlich verzichtet; ebenso habe ich mich fast ausschließlich auf englischsprachige Veröffentlichungen beschränkt. Außerdem habe ich die enorm umfangreiche jüngere Forschung auf den Gebieten der Literaturtheorie, Frauen- und Kulturstudien weggelassen, ebenso wie Arbeiten zur Geschichte des Körpers, die die Konstruktion des Ichs aus der Perspektive Freuds und Lacans untersuchen; all dies würde den Rahmen dieses Buches sprengen.

Die beste, aktuellste und lesbarste Geschichte der Psychiatrie ist Edward Shorters *A History of Psychiatry. From the Era of the Asylum to the Age of Prozac* (New York: Wiley, 1997) [Deutsch: *Die Geschichte der Psychiatrie.* (Übers. von Y. Badal.) Berlin (Alexander Fest Verlag) 1999.]; ihre historische Voreingenommenheit ist offenkundig. Älter und psychoanalytisch orientiert ist Franz G. Alexander und Sheldon T. Selesnicks *The History of Psychiatry: An Evaluation of Psychiatric Thought and Practice from Prehistoric Times to the Present* (London: George Allen & Unwin, 1967) [Deutsch: *Geschichte der Psychiatrie: Ein kritischer Abriß der psychiatrischen Theorie und Praxis von der Frühgeschichte bis zur Gegenwart.* (Übers. von H. Maor.) Konstanz (Diana), 1969.] Kurz und bündig ist Erwin Heinz Ackerknechts *Kurze Geschichte der Psychiatrie* (Stuttgart), 1957, noch kürzer William F. Bynums »Psychiatry in Its Historical Context«, in: M. Shepherd und O. L. Zangwill (Hrsg.), *Handbook of Psychiatry, vol. i: General Psychopathology.* Cambridge (Cambridge University Press), 1983, S. 11–38. Die Geschichte der klinischen Psychiatrie und ihrer Konzepte behandeln G. E. Berrios in *History of Mental Symptoms* (Cambridge: Cambridge University Press, 1996) und German Berrios und Roy Porter (Hrsg.) in *A History of Clinical Psychiatry. The Origin and History of Psychiatric Disorders* (London: Athlone, 1995).

Verschiedene Anthologien enthalten Einführungen zu Primärtexten, darunter John Paul Brady (Hrsg.),

Classics of American Psychiatry: 1810–1934 (St. Louis: Warren H. Green, Inc., 1975), Charles E. Goshen, *Documentary History of Psychiatry: A Source Book on Historical Principles* (London: Vision, 1967), Richard Hunter und Ida Macalpine, *Three Hundred Years of Psychiatry: 1535–1860* (London: Oxford University Press, 1963) und Bert Kaplan, *The Inner World of Mental Illness* (New York: Harper & Row, 1964).

Nützliche Nachschlagewerke sind John Howells' (Hrsg.) *World History of Psychiatry* (New York: Bruner/Mazel, 1968) und John G. Howells und M. Livia Osborns *A Reference Companion to the History of Abnormal Psychology* (Westport, CT: Greenwood Press, 1984).

Über die in der Einleitung dieses Buches angedeuteten Fragen zur Realität geistiger Krankheiten siehe Thomas S. Szasz, *The Manufacture of Madness* (New York: Dell, 1970) [Deutsch: *Die Fabrikation des Wahnsinns.* (Übers. von T. M. Höpfner.) Olten, Freiburg i. Brsg. (Walter), 1974.] und *The Myth of Mental Illness: Foundations of a Theory of Personal Conduct* (New York: Harper & Row, 1974) [Deutsch: *Geisteskrankheit, ein moderner Mythos? Grundzüge einer Theorie des persönlichen Verhaltens.* (Übers. von T. M. Höpfner.) Olten, Freiburg i. Brsg. (Walter) 1972.] sowie *The Age of Madness: The History of Involuntary Mental Hospitalization Presented in Selected Texts* (London: Routledge & Kegan Paul, 1975). Siehe dazu auch Michel Foucaults *La Folie et la Déraison: Histoire de la Folie à l'Age Classique* (Paris: Plon, 1961) [Deutsch: *Wahnsinn und Gesellschaft: Eine Geschichte des Wahns im Zeitalter der Vernunft.* (Übers. von U. Köppen.) Frankfurt (Suhrkamp) 1969.]; dies ist die tiefschürfendste Untersuchung der symbiotischen Geschichte von Vernunft und Unvernunft. Kritische Auseinandersetzungen mit diesem Thema finden sich bei Arthur Still und Irvin Velody (Hrsg.), *Rewriting the History of Madness: Studies in Foucault's ›Histoire de la Folie‹* (London und New York: Routledge, 1992) und bei Martin Roth und Jerome Kroll, *The Reality of Mental Illness* (Cambridge: Cambridge University Press, 1986). Klaus Dörner schlägt in *Bürger und Irre* (Frankfurt/M.: Europäische Verlagsanstalt, 1969) einen ähnlichen Weg zu Foucault ein.

Jüngere Studien, die die Frage der Realität, Beständigkeit und Vergänglichkeit von Geisteskrankheiten historisch untersuchen, sind Ian Hackings *Mad Travellers: Reflections on the Reality of Transient Mental Illnesses* (London: Free Association Books, 1999) und Walter Vandereycken, Ron Van Deth und Rolf Meermanns *Hungerkünstler, Fastenwunder, Magersucht: eine Kulturgeschichte der Eßstörungen* (Zülpich: Biermann, 1990).

2: Götter und Dämonen

Über Wahnsinn und die Götter in der griechischen Kultur siehe Bennett Simon, *Mind and Madness in Ancient Greece* (Ithaca, NY: Cornell University Press, 1978) und Ruth Padel, *In and Out of the Mind: Greek Images of the Tragic Self* (Princeton: Princeton University Press, 1992). Über das Übernatürliche und die Psyche im Mittelalter siehe Penelope E. R. Doob, *Nebuchadnezzar's Children: Conventions of Madness in Middle English Literature* (New Haven and London: Yale University Press,

1974) und Basil Clarke, *Mental Disorder in Earlier Britain* (Cardiff: University of Wales Press, 1975). Die frühe Neuzeit untersuchen Michael MacDonald in *Mystical Bedlam: Madness, Anxiety and Healing in Seventeenth Century England* (Cambridge: Cambridge University Press, 1981) und in *Witchcraft and Hysteria in Elizabethan London: Edward Jorden and the Mary Glover Case* (London: Routledge, 1991) sowie H. C. Erik Midelfort in *A History of Madness in Sixteenth Century Germany* (Stanford, CA: Stanford University Press, 1997). Gregory Zilboorgs *The Medical Man and the Witch During the Renaissance* (Baltimore: Johns Hopkins University Press, 1935) ist provokativ, aber veraltet.

Mit Abstand die beste Darstellung der rationalen Kritik an der Dämonologie bietet Michael Heyds *Be Sober and Reasonable, The Critique of Enthusiasm in the Seventeenth and Early Eighteenth Centuries* (Leiden; New York; Köln: E. J. Brill, 1995).

Zu George Trosse verweise ich auf *The Life of the Reverend Mr. George Trosse: Written by Himself, and Published posthumously According to His Order in 1714*, hrsg. von A. W. Brink (Montreal: McGill-Queen's University Press, 1974).

3: Wahnsinn aus rationaler Sicht

Theorien des Wahnsinns und der Melancholie innerhalb der Humorallehre werden in James N. Longriggs *Greek Rational Medicine* (London: Routledge, 1993), in E. D. Phillips' *Greek Medicine* (London: Thames & Hudson, 1973) und in V. Nuttons Aufsatz »Humoralism« (in: W. F.

Bynum, R. Porter [Hrsg.], *Companion Encyclopedia of the History of Medicine*; London: Routledge, 1993; 281–91) erklärt. Vorstellungen von Wahnsinn in der Antike sind Thema in G. A. Roccatagliata, *A History of Ancient Psychiatry* (Westport, CT: Greenwood Press, 1986). Eine hervorragende Darstellung späterer Entwicklungen solcher Vorstellungen findet sich in S. W. Jacksons *Melancholia and Depression: from Hippocratic Times to Modern Times* (New Haven: Yale University Press, 1986).

Zur islamischen Tradition siehe Michael W. Dols, *Majnūn: The Madman in Medieval Islamic Society* (Oxford: Clarendon Press, 1992); westliche Auffassungen aus dem Mittelalter sind dargestellt in Nancy G. Siraisi, *Medieval and Early Renaissance Medicine: An Introduction to Knowledge and Practice* (Chicago, London: Chicago University Press, 1990). Und für das Gedankengut der Renaissance verweise ich auf Andrew Wear, Roger French und Ian Lonies (Hrsg.), *The Medical Renaissance of the Sixteenth Century* (Cambridge: Cambridge University Press, 1985).

Die beste wissenschaftliche Ausgabe von Robert Burtons *The Anatomy of Melancholy* ist die von N. K. Kiessling, T. C. Faulkner und R. L. Blair in der Oxford University Press herausgegebene (Oxford, 1990). [Deutsch: *Anatomie der Melancholie* (verschiedene Ausgaben, zum Beispiel: Mainz: Dieterich, 2001, übers. von P. Gan.).] Über Burton siehe L. Babb, *Sanity in Bedlam: A Study of Robert Burton's Anatomy of Melancholy* (East Lansing, MI: Michigan State University Press, 1959) und Berger Evans, *The Psychiatry of Robert Burton* (New York: Octagon Books, 1972).

Für die im siebzehnten Jahrhundert erfolgte Wende im psychiatrischen Denken siehe T. Brown, »Descartes, Dualism and Psychosomatic Medicine« (in: Bynum, W. F.; Porter, R.; Shepherd, M. [Hrsg.], *The Anatomy of Madness*, vol. i; London: Tavistock, 1985; 151–165). Ebenfalls empfehlenswert zu Descartes ist R. B. Carters *Descartes' Medical Philosophy: The Organic Solution to the Mind-Body Problem* (Baltimore: Johns Hopkins University Press, 1983). Über Hobbes ist Jeffrey Barnouws »Hobbes's Psychology of Thought: Endeavours, Purpose and Curiosity« (in: *History of European Ideas*, x; 1990) lesenswert, über Locke das Buch von John W. Yolton, *John Locke and the Way of Ideas* (Oxford: Oxford University Press, 1956).

4: Narren und Narrheiten

Über Wahnsinn und Stigma siehe Erving Goffman, *Stigma: Notes on the Management of Spoiled Identity* (Harmondsworth: Penguin, 1970) [Deutsch: *Stigma: Über Techniken der Bewältigung beschädigter Identität* (Übers. von F. Haug.) Frankfurt (Suhrkamp) 1975.]; Sander Gilman, *Difference and Pathology* (Ithaca, NY, and London: Cornell University Press, 1985); derselbe, *Disease and Representation. From Madness to AIDS* (Ithaca, NY: Cornell University Press, 1988). Darstellungen von Wahnsinnigen – sowie Kunst von Wahnsinnigen – finden wir in Sander L. Gilman, *Seeing the Insane* (New York: Brunner, Mazel, 1982) und in J. M. MacGregor, *The Discovery of the Art of the Insane* (Princeton: Princeton University Press, 1989).

Einen Überblick über Wahnsinn in der Literatur gibt L. Feder, *Madness in Literature* (Princeton: Princeton University Press, 1980); dasselbe in der frühen Neuzeit zeigen »Folly, Melancholy and Madness: A Study in Shifting Styles of Medical Analysis and Treatment, 1450–1675« (in: R. S. Kinsman [Hrsg.], *The Darker Vision of the Renaissance: Beyond the Fields of Reason*; Berkeley: University of California Press, 1974; 273–320) und Duncan Salkeld, *Madness and Drama in the Age of Shakespeare* (Manchester: Manchester University Press, 1993). Liebeswahn ist das Thema von Jacques Ferrands *Traité de l'essence et guérison de l'amour, ou de la mélancolie érotique* (Toulouse, 1610), über das M. F. Wack in *Lovesickness in the Middle Ages: The Viaticum and its Commentaries* geschrieben hat (Philadelphia: University of Pennsylvania Press, 1990). Spätere Thematisierungen von Wahnsinn in der Literatur untersuchen Allan Ingram in *The Madhouse of Language: Writing and Reading Madness in the Eighteenth Century* (London/New York: Routledge, 1991), Max Byrd in *Visits to Bedlam: Madness and Literature in the Eighteenth Century* (Columbia: University of South Carolina Press, 1974) und Michael V. DePorte in *Nightmares and Hobby Horses: Swift, Sterne, and Augustan Ideas of Madness* (San Marino, CA: Huntingdon Library, 1974).

Das Phänomen der Modekrankheiten ist ein Thema in Sander L. Gilman, Helen King, Roy Porter, G. S. Rousseau und Elaine Showalters *Hysteria Beyond Freud* (Berkeley, Los Angeles und London: University of California Press, 1993). George Cheynes *The English Malady; or, A Treatise of Nervous Diseases of all Kinds, with the Author's Own Case* ist 1773 in London bei G. Strahan erschienen, und zuletzt, herausgegeben von Roy Porter, 1991 bei Routledge.

Das Thema Wahnsinn und Genie ist weiter ausgeführt in G. Becker, *The Mad Genius Controversy* (London and Beverly Hills: Sage, 1978). Zum Thema Degeneration siehe Daniel Pick, *Faces of Degeneration: A European Disorder, c. 1848–1918* (Cambridge: Cambridge University Press, 1989) und Tony James, *Dream, Creativity and Madness in Nineteenth Century France* (Oxford: Clarendon Press, 1995); zum Stand der heutigen Debatte: Kay Redfield Jamison, *Touched with Fire: Manic-Depressive Illness and the Artistic Temperament* (New York: Free Press, 1993); Oliver Sacks, *A Leg to Stand On* (London: Duckworth, 1984) [Deutsch: *Der Tag, an dem mein Bein fortging.* (Übers. von D. van Gunsteren.) Reinbek b. Hamburg (Rowohlt) 1989.]; Louis A. Sass, *Madness and Modernism: Insanity in the Light of Modern Art, Literature and Thought* (New York: Basic Books, 1994); George Pickering, *Creative Malady* (London: George Allen & Unwin, 1974).

Eine hervorragende Darstellung der im Verlauf der letzten Jahrhunderte stärker werdenden Beschäftigung der Psychiatrie mit Frauen bietet Elaine Showalter in *The Female Malady: Women, Madness, and English Culture, 1830 bis 1980* (New York: Pantheon Press, 1986); Yannick Ripa, *La ronde des folles: femme, folie et enfermement au XIXe siècle, 1838–1870* (Paris: Aubier, 1986) leistet dasselbe für Frankreich.

Einen kurzen Überblick über das Asylwesen, mit ausführlichen Querverweisen, gibt Roy Porter in »Madness and its Institutions« (in: Andrew Wear [Hrsg.], Medicine in Society; Cambridge: Cambridge University Press, 1992; 277–301). Die zentralen Analysen dazu stammen von Michel Foucault (siehe oben) und von Andrew Scull in *Museums of Madness: The Social Organzation of Insanity in Nienteeenth-Century England* (London: Allen Lane, 1979); letzteres ist in überarbeiteter Form erschienen als *The Most Solitary of Afflictions: Madness and Society in Britain, 1700–1900* (New Haven and London: Yale University Press, 1993). Zur Geschichte in den USA siehe David Rothman, *The Discovery of the Asylum: Social Order and Disorder in the New Republic* (Boston: Little, Brown, 1971) sowie Gerald Grob, *The Mad Among Us: A History of the Care of America's Mentally Ill* (New York: Free Press, 1994); zu Frankreich siehe Robert Castel, *L'Ordre Psychiatrique: l'Age d'Or d'Aliénisme* (Paris: Maspéro, 1973; Paris: Editions de Minuit, 1976) [Deutsch: *Die psychiatrische Ordnung: Das goldene Zeitalter des Irrenwesens.* (Übers. von U. Raulf.) Frankfurt (Suhrkamp) 1979.] und Françoise und Robert Castel und Anne Lovell, *La société psychiatrique avancée* (Paris: Grasset, 1979) [Deutsch: *Psychiatrisierung des Alltags: Produktion und Vermarktung der Psychowaren in den USA.* (Übers. von Christa Schulz.) Frankfurt (Suhrkamp) 1982.]

Eine bahnbrechende Studie eines spezifisch englischen Bereichs finden wir in William Llewellyn Parry-

Jones' *The Trade in Lunacy: A Study of Private Madhouses in England in the Eighteenth and Nineteenth Centuries* (London: Routledge & Kegan Paul, 1971). Eine jüngere Studie der ältesten Institution von allen ist jene von Jonathan Andrews, Asa Briggs, Roy Porter, Penny Tucker und Keir Waddington, *The History of Bethlem* (London: Routledge, 1997), während der Irrenarztberuf das Thema ist von Andrew Scull, Charlotte MacKenzie und Nichals Hervey in *Masters of Bedlam: The Transformation of the Mad-Doctoring Trade* (Princeton: Princeton University Press, 1996).

›Moralische Behandlung‹ und ›moralische Therapie‹ stehen im Zentrum von Anne Digbys *Madness, Morality and Medicine: A Study of the York Retreat, 1796–1914* (Cambridge: Cambridge University Press, 1985). Der Fall von Georg III. ist ausführlich analysiert in Ida Macalpine und Richard Hunter, *George III. and the Mad Business* (London: Allen Lane, 1969). Eine Gegenüberstellung der Asylpsychiatrie für Reiche und Arme bieten Charlotte MacKenzie, *Psychiatry for the Rich: A History of Ticehurst Private Asylum, 1792. 1917* (London und New York: Routledge, 1993) und Richard Hunter und Ida Macalpine, *Psychiatry for the Poor, 1851. Colney Hatch Asylum, Frirn Hospital 1973: A Medical and Societal History* (London: Dawsons, 1974). Den ›Mythos‹ Pinel untersucht Dora B. Weiner in »›Le Geste de Pinel‹: The History of a Psychiatric Myth« (in: Mark Micale und Roy Porter [Hrsg.], *Discovering the History of Psychiatry* (New York und Oxford: Oxford University Press, 1994; 343–470).

Die folgenden, moderneren Arbeiten enthalten ausgewogenere Darstellungen des Themas der Zwangseinweisungen: Peter Bartlett, *The Poor Law of Lunacy: Administration of Pauper Lunatics in Nineteenth-Century England* (London: Cassell Academic, 1998); Peter Bartlett und David Wright (Hrsg.), *Outside the Walls of the Asylum: The History of Care in the Community 1750–2000* (London und New Brunswick, NJ: Athlone Press, 1999); Leonard D. Smith, *Cure, Comfort and Safe Custody: Public Lunatic Asylums in Early Nineteenth-Century England* (London: Cassell, 1999); Joseph Melling und Bill Forsythe (Hrsg.), *Insanity, Institutions and Society: New Research in the Social History of Madness, 1800–1914* (London: Routledge, 1999). Einen globalen Blick auf das Thema werfen Roy Porter und David Wright (Hrsg.) in *The Confinement of the Insane in the Modern Era: International Perspectives* (Cambridge: Cambridge University Press, in Vorbereitung).

6: Der Aufstieg der Psychiatrie

Die britische Psychiatrie der Aufklärung ist Thema von Roy Porter, *Mind Forg'd Manacles: Madness and Psychiatry in England from Restoration to Regency* (London: Athlone Press, 1987) und Akihito Suzuki, »An Anti-Lockean Enlightenment?: Mind and Body in Early Eighteenth-Century English Mnedicine« (in: Roy Porter [Hrsg.], *Medicine and the Enlightenment*; Amsterdam: Rodopi, 1994; 226–259). Die Rollen Pinels, Esquirols und der Tradition, die zu Charcot führte, sind erschöpfend untersucht in Jan Goldstein, *Console and Classify: The French Psychiatric Profession in the*

Nineteenth Century (Cambridge: Cambridge University Press, 1987).

Otto Marx hat in verschiedenen Schriften die deutsche Psychiatrie des neunzehnten Jahrhunderts untersucht: »German Romantic Psychiatry: Part 1« (in: *History of Psychiatry, i*; 1990; 351–380); »German Romantic Psychiatry: Part 2« (in: *History of Psychiatry, ii*; 1991; 1–26); »Nineteenth Century Medical Psychology: Theoretical Problems in the Work of Griesinger, Meynert, and Wernicke« (in: *Isis, 61*; 1970; 355–370); »Wilhelm Griesinger and the History of Psychiatry: A Reassessment« (in: *Bulletin of the History of Medicine, 46*; 1972; 519–544). Zu Neurasthenie siehe Janet Oppenheim, *Shattered Nerves: Doctors, Patients and Depression in Victorian England* (Oxford: Oxford University Press, 1991) und Marijke Gijswijt-Hofstra und Roy Porter (Hrsg.), *Cultures of Neurasthenia: From Beard to the First World War* (Amsterdam: Rodopi, 2001).

Die besten Darstellungen der Spezialdisziplin der forensischen Psychiatrie sind Roger Smiths *Trial by Medicine: Insanity and Responsibility in Victorian Trials* (Edinburgh: Edinburgh University Press, 1981) und Joel Peter Eigens *Witnessing Insanity: Madness and Mad-Doctors in the English Court* (New Haven: Yale University Press, 1995). Eine umfassende, wenn auch nicht fehlerfreie Darstellung finden wir in Daniel N. Robinson, *Wild Beasts and Idle Humours: The Insanity Defense from Antiquity to the Present* (Cambridge, MA: Harvard University Press, 1995).

Auszüge aus psychiatrischen Texten des neunzehnten Jahrhunderts sind wiedergegeben in Vieda Skultans'

Madness and Morals: Ideas on Insanity in the Nineteenth Century (London und Boston: Routledge & Kegan Paul, 1975).

7: Die Wahnsinnigen

Einen Überblick über autobiographische Schriften »verrückter« Menschen bieten die Anthologien von Dale Peterson (Hrsg.), *A Mad People's History of Madness* (Pittsburgh: University of Pittsburgh Press, 1982), von Michael Glenn (Hrsg.), *Voices from the Asylum* (New York: Harper & Row, 1974), von Allan Ingram, *Voices of Madness: Four Pamphlets, 1683 bis 1796* (Stroud: Sutton Publishing, 1997) und von Roy Porter (Hrsg.), *The Faber Book of Madness* (London: Faber, 1991). Ein Versuch, ihre »Sicht der Dinge« wiederzugeben, findet sich in Roy Porter, *A Social History of Madness: Stories of the Insane* (London: Weidenfeld & Nicolson, 1987).

Speziell um den Fall Margery Kempe geht es in *The Book of Margery Kempe* (Harmondsworth: Penguin, 1985); ein Versuch, sie im Zusammenhang der religiösen Ansichten ihrer Zeit zu verstehen, bietet P. R. Freeman et al., »Margery Kempe, a New Theory: the Inadequacy of Hysteria and Postpartum Psychosis as Diagnostic Categories« (in: *History of Psychiatry*, i; 1990; 169–190). Zu John Perceval siehe J. T. Perceval, *A Narrative of the Treatment Received by a Gentleman, During a State of Mental Derangement* (London: Effingham Wilson, 1838). Zu Clifford Beers siehe Clifford Beers, *A Mind That Found Itself: An Autobiography* (Pittsburgh: University of Pittsburgh Press, 1981) [Deutsch: *Eine Seele, die sich wiederfand: Autobiographie des Begründers der Geistigen Hygiene.* (Übers. von O. Reuter und N. Dain.) Basel (Schwabe) 1941.] und Norman Dain, *Clifford W. Beers: Advocate for the Insane* (Pittsburgh: University of Pittsburgh Press, 1980). Zu James Tilley Matthews siehe John Haslam, *Illustrations of Madness* (London: Rivingtons, printed by G. Hayden, 1810; hrsg. von Roy Porter; London: Routledge, 1988).

8: Das Jahrhundert der Psychoanalyse?

Zu Kraepelin und seiner Schule siehe German Berrios und Renate Hauser, »Kraepelin« (in: German E. Berrios und Roy Porter [Hrsg.], *A History of Clinical Psychiatry: The Origin and History of Psychiatric Disorders*; London: Athlone, 1995; 280–291) und E. Engstrom, »Institutional Aspects in the Development of Emil Kraepelin's Nosology« (in: ibid, 292–301). Ebenfalls empfehlenswert ist G. E. Berrios und H. L. Freemans (Hrsg.), *Alzheimer and the Dementias* (London: Royal Society of Medicine Services Limited, 1992). Über die Psychiatrie der Nazis siehe Geoffrey Cocks, *Psychotherapy in the Third Reich: The Göring Institute* (New York: Oxford University Press, 1985).

Studien zu Freud sind mittlerweile so zahlreich und verwickelt, daß eine Übersicht nicht möglich ist. Die beste wohlwollende Biographie ist nach wie vor Peter Gays *Freud: A Life for Our Time* (London: Dent, 1988) [Deutsch: *Freud: Eine Biographie für unsere Zeit.* (Übers. von J. A. Frank.) Frankfurt (S. Fischer) 1989.];

die beste kritische Darstellung ist Jeffrey M. Massons *The Assault on Truth: Freud's Suppression of the Seduction Theory* (New York: Farrar, Straus & Giroux, 1983) [Deutsch: *Was hat man dir, du armes Kind, getan? Sigmund Freuds Unterdrückung der Verführungstheorie.* (Übers. von B. Brumm.) Reinbek b. Hamburg (Rowohlt) 1984.] Einen Überblick über einige Versuche zu Freud gibt John Forrester in »›A Whole Climate of Opinion‹: Rewriting the History of Psychoanalysis« (in: Mark Micale und Roy Porter [Hrsg.], *Disovering the History of Psychiatry*; New York und Oxford: Oxford University Press, 1994; 174–190). Die moderne Debatte um Freud untersucht John Forrester in *Dispatches from the Freud Wars: Psychoanalysis and its Passions* (Cambridge, MA: Harvard University Press, 1997). Die weiter gefaßte Frage des Unbewußten ist meisterhaft diskutiert in Henri F. Ellenbergers *The Discovery of the Unconscious: The History and Evolution of Dynamic Psychiatry* (New York: Basic Books, 1970) [Deutsch: *Die Entdeckung des Unbewußten: Geschichte und Entwicklung der dynamischen Psychiatrie von den Anfängen bis zu Janet, Freud, Adler und Jung.* (Übers. der vom Autor durchgesehenen und revidierten Taschenbuchausgabe von G. Theusner-Stampa.) Zürich (Diogenes) 1985.]; Hintergrundwissen zum Verständnis von Freud vermittelt Mark Micale, *Approaching Hysteria: Disease and its Representations* (Princeton: Princeton University Press, 1994). Zur psychoanalytischen Bewegung siehe Joseph Schwartz, *Cassandra's Daughter: A History of Psychoanalysis in Europe and America* (London: Allen Lane, 1999); insbesondere um Jung geht es in John Kerr, *A Most Dan-*

gerous Method (London: Sinclair Stevenson, 1993) [Deutsch: *Eine höchst gefährliche Methode: Freud, Jung und Sabina Spielrein.* (Übers. von C. Broermann und U. Schäfer.) München (Kindler) 1994.] und in Frank McLynn, *Carl Gustav Jung* (London: Bantam Press, 1996).

Die verschiedenen Behandlungsformen im zwanzigsten Jahrhundert sind das Thema von Elliot S. Valensteins *Great and Desperate Cures: The Rise and Decline of Psychosurgery and Other Radical Treatments for Mental Illness* (New York: Basic Books, 1986) und von Jack Pressmans *Last Resort: Psychosurgery and the Limits of Medicine* (Cambridge: Cambridge University Press, 1998).

Zum Angriff auf die Asyle siehe Andrew Scull, *Decarceration: Community Treatment and the Deviant – A Radical View*, 2nd ed. (Oxford: Polity Press; New Brunswick, NJ: Rutgers University Press, 1984) [Deutsch: *Die Anstalten öffnen? Decarceration der Irren und Häftlinge.* (Übers. von W. Kraus und M. Naggl.) Frankfurt (Campus) 1980.] Zum selben Thema siehe auch Peter Barhams *From the Mental Patient to the Person* (London: Routledge, 1991) und *Closing the Asylum: The Mental Patient in Modern Society* (Harmondsworth: Penguin, 1992).

Viele Aspekte des britischen Anteils an dieser Geschichte werden behandelt in German Berrios und Hugh Freeman (Hrsg.), *150 Years of British Psychiatry, 1841 bis 1991* (London: Gaskell, 1991) und in Hugh Freeman und German Berrios (Hrsg.), *150 Years of British Psychiatry, vol. ii: The Aftermath* (London und Atlantic Highlands, NJ: Athlone, 1996).

Es gibt mittlerweile eine umfangreiche Literatur zum Thema Schützengrabenschock und der daraus abgeleiteten, allgegenwärtigen Theorie vom »Trauma«. Siehe dazu: Edward M. Brown, »Creating Traumatic Emotional Disorders Before and During World War I« (in: German Berrios und Roy Porter [Hrsg.], *A History of Clinical Psychiatry: The Origin and History of Psychiatric Disorders*; London: Athlone, 1995; 501–508); Harold Merskey, »Shell Shock« (in: German Berrios und Hugh Freeman [Hrsg.], *150 Years of British Psychiatry, 1841–1991;* London: Gaskell, 1991; 245–267); Ben Shepard, *A War of Nerves: Soldiers and Psychiatrists 1914–1994* (London: Cape, 2001); und die am breitesten angelegte, von Mark Micale und Paul Lerner herausgegebene Studie *Traumatic Pasts: Histories, Psychiatry and Trauma in the Modern Age, 1870–1930* (Cambridge: Cambridge University Press, 2001). Depressionen und verwandte Zustände behandelt Edward Shorter in *From Paralysis to Fatigue: A History of Psychosomatic Illness in the Modern Era* (New York: Free Press, 1992) [Deutsch: *Moderne Leiden: Zur Geschichte der psychosomatischen Krankheiten.* (Übers. von K. Neff.) Reinbek b. Hamburg (Rowohlt) 1994.] sowie in *From the Mind into the Body: The Cultural Origins of Psychosomatic Symptoms* (New York: Free Press, 1994) [Deutsch: *Von der Seele in den Körper: Die kulturellen Ursprünge psychosomatischer Krankheiten.* (Übers. von K. Neff.) Reinbek b. Hamburg (Rowohlt) 1999.]; zum selben Thema: Andrew Solomon, *The Noonday Demon: An Atlas of Depression* (London: Chatto & Windus, 2001) [Deutsch: *Saturns Schatten: Die dunklen Welten der Depression*. (Übers. von H. G. Holl unter Mitarbeit von C. Freytag.) Frankfurt (S. Fischer) 2001.]

Zur psychopharmakologischen Revolution siehe David Healy, *The Antidepressant Era* (Cambridge, MA: Harvard University Press, 1997) und Peter D. Kramer, *Listening to Prozac* (London: Fourth Estate, 1994) [Deutsch: *Glück auf Rezept: Der unheimliche Erfolg der Glückspille Fluctin*. (Übers. von R. Altmann.) München (Kösel) 1995.] William Sargants Vorhersage findet sich in *The Unquiet Mind: The Autobiography of a Physician in Psychological Medicine* (London: Heinemann, 1967).

Die unterhaltsame Geschichte des *Diagnostic and Statistical Manual of Mental Disorders* ist nacherzählt in H. Kutchins und S. A. Kirk, *Making Us Crazy: The Psychiatric Bible and the Creation of Mental Disorders* (New York: Free Press, 1997).

Register

Danksagung

Mein Dank gilt Katharine Reeve von der Oxford University Press, die mich zu diesem Buch angeregt und während seines Entstehens immer unterstützt und kritisch begleitet hat. Im Verlauf der letzten Monate haben Hal Cook, Emese Lafferton, Chandak Sengoopta, Desirée Cox-Maksimov und Natsu Hattori verschiedene Entwürfe gelesen; für ihre aufmerksamen Kommentare und ehrliche Kritik danke ich ihnen herzlich. Andrea Meyer-Ludowisy hat mit der ihr eigenen und einzigartigen Mischung aus Einfallsreichtum und Effizienz die Bilder aus dem wunderbaren Fundus der Iconographical Collection of the Wellcome Trust Library for the History and Understanding of Medicine ausgewählt.

Es freut mich besonders, den Mitgliedern des Wellcome Trust Centre für ihre enorme Unterstützung meinen Dank auszusprechen, insbesondere meinen Sekretärinnen, Rebecca Baker und später Emma Ford, sowie der unermüdlichen und unfehlbaren Sheila Lawler, die zahlreiche Entwürfe abgetippt hat. Auch Jed Lawler danke ich, der mir Computeranalphabeten immer wieder zu Hilfe geeilt ist. Und schließlich bedanke ich mich bei der hervorragenden Korrektorin Mary Worthington und bei Jane Henderson, die das Register besorgt hat.